公認心理師の基礎と実践 **13**

野島一彦・繁桝算男 監修

障害者・障害児 心理学

柘植雅義　野口和人
石倉健二　本田秀夫 編

遠見書房

巻頭言

心理学・臨床心理学を学ぶすべての方へ

　公認心理師法が2015年9月に公布され，2017年9月に施行されました。そして，本年度より経過措置による国家資格試験が始まります。同時に，公認心理師の養成カリキュラムが新大学1年生から始まります。

　現代日本には，3万人を割ったとは言えまだまだ高止まりの自殺，過労死，うつ病の増加，メンタルヘルス不調，ひきこもり，虐待，家庭内暴力，犯罪被害者・加害者への対応，認知症，学校における不登校，いじめ，発達障害，学級崩壊などの諸問題の複雑化，被災者への対応，人間関係の希薄化など，さまざまな問題が存在しております。それらの問題の解決のために，私たち心理学・臨床心理学に携わる者に対する社会的な期待と要請はますます強まっています。また，心理学・臨床心理学はそのような負の状況を改善するだけではなく，より健康な心と体を作るため，よりよい家庭や職場を作るため，あるいは，より公正な社会を作るため，ますます必要とされる時代になっています。

　こうした社会状況に鑑み，心理学・臨床心理学に関する専門的知識および技術をもって，国民の心の健康の保持増進に寄与する心理専門職の国家資格化がスタートします。この公認心理師の養成は喫緊の非常に大きな課題です。

　そこで，私たち監修者は，ここに『公認心理師の基礎と実践』という名を冠したテキストのシリーズを刊行し，公認心理師を育てる一助にしたいと念願しました。

　このシリーズは，大学（学部）における公認心理師養成に必要な25科目のうち，「心理演習」，「心理実習」を除く23科目に対応した23巻からなります。私たち心理学者・心理臨床家たちが長年にわたり蓄えた知識と経験を，新しい時代を作るであろう人々に伝えることは使命であると考えます。そのエッセンスがこのシリーズに凝縮しています。

　このシリーズを通して，読者の皆さんが，公認心理師に必要な知識と技術を学び，国民の心の健康の保持増進に貢献していかれるよう強く願っています。

　2018年3月吉日

監修者　野島一彦・繁桝算男

■ はじめに

　障害のある子どもや大人を巡る状況が，近年，大きく変わり始めた。その背景には，国連の障害者権利条約の存在が大きく，その批准に伴って障害者差別解消法の成立・施行が大きく関わっている。差別解消法では，差別の禁止と合理的配慮の提供が明記され，インクルーシブな教育や社会に向けて大きく舵を切った様相である。また，数年前に，障害者雇用率の算定に，精神障害者（発達障害者を含む）が加わったことも大きい。

　このような中，公認心理師の制度が始まり，障害のある子どもや大人の理解や支援が本格的に始まろうとしている。

　本巻では，障害のある子どもや大人の心理学の全般を取り上げるが，特に，読者が，身体障害，知的障害，および精神障害（発達障害を含む）について概説できること，さらに，障害者（児）の心理社会的課題および必要な支援について説明できること，を念頭において構成した。その際には，近年，特に話題になっている発達障害について，法令上の精神障害から切り出して独立して扱うこととした。

　さらに，心理社会的課題や必要な支援は，福祉，教育，保健，医療，労働，司法……とかなり広範に渡っていることを鑑みて，できる限りカバーするようにした。また，想定した年齢も，生後から，学齢期，青年期，成人期，高齢期と，できる限り生涯に渡るよう配慮した。

　近年，TV・新聞・ネットニュースなどでは，障害に関することが取り上げられることが増えてきている。また，2020年夏には，東京オリンピック・パラリンピックが開催される。今後，障害のある子どもや大人に関わる機会が増え，関係する話題がますます増えていくことが予想される。

　その一方で，学校で障害のある子どもが障害のない子どもからいじめを受けて不登校になり転校せざるを得ないことになってしまった，障害のある大学教員が適切な合理的配慮を受けることができず職務の遂行ができなくなってしまった，障害のある人がバスやタクシー等に乗車することを拒否された，盲導犬を連れて入店しようとしたら窓口の人の認識不足で入店を断られた，など，まだまだ残念な事例が報道されている。

　本巻が，障害のある子どもや大人の理解と支援，さらには，共に学び働き生活する人々への支援に向けて，公認心理師を志す皆さんが取り組む際の一助になれば幸いである。

　2020 年 1 月

柘植雅義

目　　次

はじめに　4

第1章　障害者・障害児心理学とは何か……………………………………… 11
　　　　　　　　　　　　　　　　　　　　　　　　　　　　　　柘植雅義

　Ⅰ　はじめに　11／Ⅱ　障害者・障害児心理学の目的と貢献　11／Ⅲ　障害者・障害児
心理学の射程と方法　15／Ⅳ　近年の障害者・障害児を取り巻く状況　16／Ⅴ　近年の
障害者・障害児への支援を巡る状況　17／Ⅵ　おわりに　18

第1部　身体障害・知的障害・精神障害・発達障害の概要

第2章　身体障害の概要……………………………………………………… 23
　　　　　　　　　　　　　　　　　　　　　　　　　　　　　　石倉健二

　Ⅰ　はじめに　23／Ⅱ　身体障害の定義と分類　23／Ⅲ　身体障害の概要　26／Ⅳ
身体障害児者の全体状況　31

第3章　知的障害の概要……………………………………………………… 37
　　　　　　　　　　　　　　　　　　　　　　　　　　　　　　野口和人

　Ⅰ　はじめに　37／Ⅱ　わが国の法令における知的障害　37／Ⅲ　福祉，教育等の領域
における知的障害　38／Ⅳ　国際的な診断基準における知的障害　41／Ⅴ　知的障害の
原因　45

第4章　精神障害の概要……………………………………………………… 47
　　　　　　　　　　　　　　　　　　　　　　　　　　　　　　鷲塚伸介

　Ⅰ　なぜ心理師に精神障害の知識が必要なのか　47／Ⅱ　精神障害の概要──精神疾患
の分類と診断基準を基に　48／Ⅲ　精神状態の把握　53

第5章　発達障害の概要……………………………………………………… 60
　　　　　　　　　　　　　　　　　　　　　　　　　　　　　小林潤一郎

　Ⅰ　はじめに　60／Ⅱ　発達障害の概念　61／Ⅲ　主な発達障害　65／Ⅳ　発達障害
をどう理解し，どう支援を始めるか　68

第2部　障害者の心理社会的課題および必要な支援

公認心理師の基礎と実践

第 13 巻　障害者・障害児心理学

障害者・障害児心理学とは何か

柘植雅義

⊶ *Keywords*　障害者, 障害児, 心理学, インクルーシブ, 合理的配慮, 差別の禁止, 発達障害者支援法, 障害者基本法

I　はじめに

　障害者や障害児への支援は，公認心理師の活動の中でも，最も期待される領域の一つであろう。その際には，近年，障害者や障害児およびその周辺に関わる心理学研究の進展は著しいことから，その知見を踏まえた根拠のある確かな活動が期待される。

　そこで，第1章では，障害者・障害児心理学の全般を概説する。その際には，その後の，「第Ⅰ部　身体障害，知的障害および精神障害（発達障害を含む）」の概要，「第Ⅱ部　障害者の心理社会的課題および必要な支援」の概説も加えることにする。第Ⅰ部では，障害について，個と環境，社会モデル，ICF，科学技術・医学の進歩等についても扱う。第Ⅱ部では，障害児者を取り巻く心理社会的課題として，インクルーシブな社会，共生社会，障害者差別，偏見，誤解，障害者差別解消法，について，次に，障害者への必要な支援として，本人主体，合理的配慮，意思の表明，意思決定支援，個別の計画，についても扱う。また，ブループリント（公認心理師試験出題基準 平成30年度版）における該当箇所の小項目（キーワードの例）も踏まえることとした。

II　障害者・障害児心理学の目的と貢献

1. 目　　的

　いわゆる心理学が人や動物などの心を解明する学問だとすれば，障害者心理学は，特に障害者の心を解明する，ということになる。そして，その際には，障害

のさまざまな種類や程度等によって，その様相（メカニズム）は大きく異なり，より複雑で多様な状態にある。さらに，周りの環境からの影響も受けやすく，個と環境との相互作用に一層注目することが重要となる。

　そして，その上で，障害のある人のより良い理解（確かな理解）と的確な支援方策を明らかにすることは，障害者・障害児心理学に課せられた最も重要な使命であろう。

　なお，わが国における，障害者や，生活や学習等において他の人と比べて著しく困難を示す人に関する心理学研究の歴史は古く，例えば，日本で最初の心理学者として知られる，当時，東京帝国大学文学部教授の元良勇次郎による，注意持続実験まで遡る（1909（明治 42）年）。

2．障　　害

　障害，および障害者の定義をしている法律について，紹介する。

障害者基本法
（定義）
第２条　この法律において，次の各号に掲げる用語の意義は，それぞれ当該各号に定めるところによる。
1　障害者　身体障害，知的障害，精神障害（発達障害を含む。）その他の心身の機能の障害（以下「障害」と総称する。）がある者であって，障害及び社会的障壁により継続的に日常生活又は社会生活に相当な制限を受ける状態にあるものをいう。
2　社会的障壁　障害がある者にとって日常生活又は社会生活を営む上で障壁となるような社会における事物，制度，慣行，観念その他一切のものをいう。

　さらに，障害者の日常生活及び社会生活を総合的に支援するための法律（障害者総合支援法）で，以下のようにより具体的に示されている。

障害者の日常生活及び社会生活を総合的に支援するための法律（障害者総合支援法）
（定義）
第４条　この法律において「障害者」とは，身体障害者福祉法第４条に規定する身体障害者，知的障害者福祉法にいう知的障害者のうち 18 歳以上である者及び精神保健及び精神障害者福祉に関する法律第５条に規定する精神障害者（発達障害者支援法（平成 16 年法律第 167 号）第２条第２項に規定する発達障害者を含み，知的障害者福祉法にいう知的障害者を除く。以下「精神障害者」という。）のうち 18 歳以上である者並びに治療方法が確立していない疾病その他の特殊の疾病であって政令で定めるものによる障害の程度が厚生労働大臣が定める程度である者であって

18 歳以上であるものをいう。

2　この法律において「障害児」とは，児童福祉法第４条第２項に規定する障害児をいう。

つまり，以下のように整理できる。

・ 身体障害者福祉法第４条に規定する身体障害者（つまり，18 歳以上で，視覚障害，聴覚障害・平衡機能障害，音声・言語障害，肢体不自由，内部障害）。
・ 知的障害者福祉法にいう知的障害者のうち 18 歳以上である者（一般に，また，国際的にも，知能指数が平均より２標準偏差分低いことが基準となっている。さらに，知的機能と適応機能の２軸で見ていくことが一般的である）。
・ 精神保健及び精神障害者福祉に関する法律第５条に規定する精神障害者（発達障害者を含み，知的障害者を除く，18 歳以上）（世界保健機関［WHO; World Health Organization］の国際的な分類等は後で述べる）。
・ 治療方法が確立していない疾病その他の特殊の疾病であって政令で定めるものによる障害の程度が厚生労働大臣が定める程度である者であって 18 歳以上であるもの。

特に，発達障害については，以下の，発達障害者支援法で示されている。

発達障害者支援法
（定義）
第２条　この法律において「発達障害」とは，自閉症，アスペルガー症候群その他の広汎性発達障害，学習障害，注意欠陥多動性障害その他これに類する脳機能の障害であってその症状が通常低年齢において発現するものとして政令で定めるものをいう。
2　この法律において「発達障害者」とは，発達障害がある者であって発達障害及び社会的障壁により日常生活又は社会生活に制限を受けるものをいい，「発達障害児」とは，発達障害者のうち 18 歳未満のものをいう。
3　この法律において「社会的障壁」とは，発達障害がある者にとって日常生活又は社会生活を営む上で障壁となるような社会における事物，制度，慣行，観念その他一切のものをいう。

このように，近年，障害者基本法と発達障害者支援法が相次いで改正され，「障害及び社会的障壁により」や「発達障害及び社会的障壁により」のように，本人

の障害のみならず，社会的障壁（周りの環境から生じる状況）と共に，日常生活又は社会生活に（相当な）制限を受ける状態にあるものと定義されている。

医師から，障害があると医学的診断がなされなくとも，生活や，就労や，学びにおいて大きな困難を持つことも考えられる。つまり，そのような人々も必要な支援を求める場合があり，それに応じていくことになる。例えば，発達障害については，スペクトラムという考え方が広まってきていて，その障害があるとかないとかで明確に困難があるかないかではなく，困難が連続的に出現する，という。さらに，後述する合理的配慮の提供は，障害者手帳を持たなくとも，状況に応じて必要な提供を求めることができるとされている。

なお，障害には，いわゆる生まれつきのものと，例えば，高次脳機能障害等のように，中途のものがあることに注意したい。

一方，国際的な動向は，以下の通りである。

WHO は，1980 年，国際障害分類（ICIDH）を公表し，障害を，「機能・形態障害（impairment）」，その結果生じる「能力障害（disability）」，さらにその結果としての「社会的不利（handicap）」という 3 つの次元で説明した。この考え方は，画期的であり，当時の行政や実践，研究に，大きな影響を与えた。

そして，2001 年，国際生活機能分類（ICF）が公表された。ICIDH の進化系であるが，ICHDH-2 とはならず，ICF と別の名称になったことからも，その進化の大きさが窺い知れる。その最も大きな進化の視点は，何ができないかではなく，人が，生活機能（functioning），活動（activity），参加（participation）をどれだけ発揮できるか，というプラス面から分類しようとする点である。さらに，背景因子（環境因子と個人因子）も加わった。これにより，いわゆる「医学モデル」から「社会モデル」へと，大きく舵を切っていくことになった。

一方，WHO は，ICD-11（国際疾病分類　第 11 版）を，また，アメリカ合衆国の精神医学会は，DSM-5（精神障害の診断と統計マニュアル　第 5 版）を示している。これらは，主に医師の診断の際に参考とされるもので，世界各国で活用されている。

3. 貢　　献

障害者・障害児心理学の社会への貢献の範囲は非常に広い。障害のある人のより深い理解へ，適切な支援方策の展開へ，確かな理解啓発へ，そして，やがては，共生社会の実現，インクルーシブな社会に向けて，等があげられる。

■ III　障害者・障害児心理学の射程と方法

1. 対　　象

障害者本人のみならず，その保護者，きょうだい，家族，さらにはより広く，障害者と関わる人，障害者を支援する人，そして，広く国民一般，とその射程はかなり広い。

2. 領　　域

障害者・障害児心理学が果たす役割は，種々の分野に広がっている

教育分野：就学前では，幼稚園，保育所，認定子ども園，そして，小学校，中学校，高等学校，特別支援学校，大学のいずれにおいても，障害者・障害児やその関係者への種々の心理学的な支援が展開されている。各自治体の教育センターにおいても，教育相談や各学校等への心理学的な支援が展開されている。

福祉分野：児童相談所，児童発達支援センター，放課後等デイサービス，障害児入所施設，発達障害者支援センター等において，障害者・障害児やその関係者への種々の心理学的な支援が展開されている。さらには，障害福祉サービス，地域生活支援事業，相談支援等において心理学的支援が展開されている。

医療・保健分野：病院では，理学療法士（PT），作業療法士（OT），言語聴覚士（ST），視機能訓練士（ORT），精神保健福祉士（PSW），医療ソーシャルワーカー（MSW）らと共に連携して，障害者・障害児やその関係者への種々の心理学的な支援が展開されている。また，保健所や保健センターにおいては，保健師が中心になって種々の業務を行っているが，その際には，連携して，心理学的な支援が展開されている。療育の場での期待も大きい。

司法分野：家庭裁判所，少年院，少年鑑別所では，近年，障害者・障害児やその関係者への種々の心理学的な支援が求められてきている。

産業・労働分野：ハローワーク，障害者職業センター，障害者就業・生活支援センター，障害者職業能力開発校等において，障害者への種々の心理学的な支援が展開されている。また，公的機関や民間の企業等における障害者の労働について，心理学的な支援が展開されている。

その他の分野：ユニバーサルデザインやバリアフリー等の理念を踏まえた住みやすい街づくりや交通，余暇，情報アクセシビリティー等，さまざまな分野にお

いて，障害者・障害児やその関係者への種々の心理学的な支援が求められてきている。

3．内　　容

障害心理学の主な仕事は以下の通りである。障害の状態の把握（アセスメント），本人・きょうだい・親による障害の受容，障害による学びや労働や生活の困難の把握と対処，学びや労働や生活の特徴の把握，障害のない定型発達の人との比較，支援方策の開発，カウンセリング，コンサルティング，障害理解啓発，等。

4．手　　法

障害者・障害児心理学的研究の手法は，心理学の全ての手法に渡る。つまり，（障害のない）一般の人の場合と同様である。事例研究法（介入研究法を含む），観察法，実験計画法（RCT：ランダム化比較試験），質問紙調査法，インタビュー法，語り（ナラティヴ），質的研究法，レビュー法。そして，障害があることにより，ない場合と比べてどのような心の様相を示すのかを明らかにするために，手法の活用には種々の工夫がなされることになる。

5．支援の基本的な在り方

心理的アセスメント（環境アセスメントを含む），心理学的な原因やメカニズムの明確化・特定，心理学的支援法の計画策定，支援の実施，支援の評価，というPDCA（Plan-Do-Check-Action）サイクルで行う。これにより，支援の効果を常に把握しつつ，より的確な支援が展開されていく。

■ IV　近年の障害者・障害児を取り巻く状況

1．国連の動向

国連の総会において，障害者権利条約が採択され（2006 年），他の多くの国々と同様，日本は批准した。

その中で，インクルーシブな教育（inclusive education）や社会の実現に向けた流れが明確に示されると共に，合理的配慮（reasonable accommodation）の概念が示された。

第2条　定義

合理的配慮とは，障害者が他の者との平等を基礎として全ての人権及び基本的自由を享有し，又は行使することを確保するための必要かつ適当な変更及び調整であって，特定の場合において必要とされるものであり，かつ，均衡を失した又は過度の負担を課さないものをいう。

2．国内の動向

　日本は，共生社会（内閣府）の実現を目指している。このような中，近年の障害者・障害児を取り巻く状況は，大きく変わってきている。特に，国連の障害者権利条約の批准にあたって，国内法の整備が進んだ。新たに，障害者差別解消法が成立し，2016 年 4 月に施行されると共に，障害者基本法，障害者総合支援法（障害者の日常生活及び社会生活を総合的に支援するための法律），学校教育法，障害者雇用促進法，発達障害者支援法等が改正された。これにより，福祉，教育，医療，保健，司法，労働等の充実が進み始めた。そして，これらの新たな変革を踏まえた第 4 次の障害者基本計画（2018 〜 2022 年の 5 年間）がスタートする。

■ V　近年の障害者・障害児への支援を巡る状況

1．支援の重要なキーワード

　国連の障害者権利条約や障害者差別解消法の条文等から，近年の，障害者・障害児への支援を巡る状況が見えてくる。特に重要と思われるものを紹介する。

差別の禁止：さまざまな場面での障害による差別の禁止はもちろんのこと，必要な支援が障害者の人権に十分に配慮されたものであることは言うまでもない。

合理的配慮：基本的には障害者の申し出（意思の表明）の元に，必要な合理的配慮が提供される（公的機関は義務，民間は努力義務）。支援者は，合理的配慮について，十分な知識と技能が求められる。

意思の表明：知的障害，コミュニケーション障害，発達障害等により，意思の表明が困難な場合は，保護者や支援者等がその意を汲んで表明することになる。また，そのような障害であっても，何とか，意思の表明ができるような支援を本人に行ったり，意思の表明を確かに認識し理解するよう支援者の技能向上を図ったりすることも重要である。

本人の意思決定支援：周りの者が決定するのではなく，障害者本人が意思決定をすることを基本にし，それを支援者が支援するという考えが重要であり，その

ような考えを踏まえた支援が求められる。

本人主体：周りの者ではなく，まさに障害者本人が主体であり，そのような考え
を踏まえた支援（person centered support）が求められる。

2．心理学的な学術研究の蓄積

　近年，特に，2001年以降，障害者・障害児への支援に関する学術研究の進展は
著しい（柘植ら，2017）。この背景には，国連の動向や，それを踏まえての国内
制度の充実などと共に，近年，わが国においても，エビデンスに基づく介入（支
援）が本格的に叫ばれ始めたことの影響も大きいと思われる。つまり，いわゆる
「経験と勘と度胸」から，「エビデンス（根拠）」に基づく実践や政策へと，日本も
大きく舵を切ったことの影響である。そして，確かな支援，効果が期待できる支
援，そして，根拠のある政策，に向けて大きく舵を切った形だ。

　学術研究の豊富な蓄積は，療育，リハビリテーション，教育・特別支援教育，
就労支援など，障害者・障害児のあらゆるステージに及ぶ。また，支援技法の開
発も著しく，社会技能訓練（ソーシャルスキルトレーニング（SST）），生活スキ
ル訓練（ライフスキル訓練），親訓練（ペアレントトレーニング），さらには，国
際的にもその有効性が検証されている応用行動分析（ABA）や認知行動療法の手
法，また，環境調整も視野に入れた TEACCH プログラム，などの充実振りが目を
引く。

　いずれにしろ，支援（つまり介入［intervention］）をする前と後での効果の検
証を科学的に行っていこうとするデザインの研究（pure-post design）の充実がいっ
そう求められる。今後は，種々の支援に関する事例研究を集積してレビューす
るような研究（系統的レビュー［systematic review］や，メタアナリシス［meta-
analysis］）により，支援方策の有効性を確保していくことが求められる。

　障害者や障害児の支援にあたっては，このような学術研究の成果を踏まえて行
うことが重要である。

■ VI　おわりに

　障害者や障害児の理解や支援に関する要望は，今後，ますます大きくなってい
くだろう。そして，その際には，心理学の果たす役割はますます大きくなってい
くだろうし，それに応えていける心強い学問であると信じている。

　障害者や障害児の理解や支援の良し悪しが，障害者や障害児の豊かな学びや生

活や就労に，そして，幸せに繋がっていくのだということを肝に銘じて，つまり，今日的に言い換えれば，理解や支援が乏しいという状態は，社会的障壁であるという認識を持ち，支援にあたっていくことが期待される。そのことが，もはや，障害者や障害児のみならず，障害があるとかないとかではなく，誰もがその人権を大切にされ，豊かに生きていける共生社会の実現へと繋がっていくことだろう。

◆学習チェック表

□　障害者・障害児心理学の目的と貢献について理解した。
□　障害者・障害児心理学の射程と方法について理解した。
□　近年の障害者・障害児を取り巻く状況について理解した。
□　近年の障害者・障害児への支援を巡る状況について理解した。

より深めるための推薦図書

中央法規出版編集部編（2016）障害者差別解消法：事業者のための対応指針（ガイドライン）—不当な差別的取扱い・合理的配慮の具体例．中央法規出版．

太田信夫監修・柿澤敏文編（2017）障害者心理学：シリーズ心理学と仕事15．北大路書房．

柘植雅義&『インクルーシブ教育の未来研究会』編著（2018）小中学生のための障害用語集—みんなに優しい学校と社会を願って．金剛出版．

日本LD学会編（2016）発達障害事典．丸善．

文　　献

柘植雅義（2018）多様な利用者への説明原則．In：山本博樹編著：公認心理師のための説明実践の心理学．ナカニシヤ出版．pp.25-33.

柘植雅義（2018）障害者・障害児心理学．In：野島一彦編：こころの科学増刊『公認心理師養成大学・大学院ガイド』．日本評論社，pp.18.

柘植雅義（2017）障害者差別解消法による「合理的配慮」が特別支援教育にもたらす効果．都市問題（特集：障害者とともにある社会），108; 15-19.

柘植雅義・インクルーシブ教育の未来研究会編（2017）特別支援教育の到達点と可能性—2001-2016：学術研究からの論考．金剛出版．

柘植雅義（2016a）発達支援のアセスメント：LDの発見と支援．臨床心理学，16 (2); 169-174.

柘植雅義（2016b）「合理的配慮」の視点から見た発達障害と特別支援教育．小児の精神と神経，56 (3); 213-222.

柘植雅義（2016c）「障害者差別解消法」のポイントと課題．季刊 教育法，190; 18-27.

柘植雅義（2014）就学前の発達障害のある子供への支援と工夫．教育と医学，62 (6); 480-487.

柘植雅義（2013）特別支援教育—多様なニーズへの挑戦．中公新書（中央公論新社）．

第 1 部

身体障害・知的障害・精神障害・発達障害の概要

身体障害の概要

石倉健二

🔑 *Keywords*　身体障害，身体障害者福祉法，身体障害者手帳，国際障害分類（ICIDH），国際生活機能分類（ICF），障害者総合支援法，障害者差別解消法

I　はじめに

　公認心理師は，心理職がこれまで関わっていた領域よりもさらに広い領域の業務に携わることが予想される。特に身体障害者（児）の領域においては，これまでの関与が少なかった分，今後の役割の拡大が期待される。

　身体障害者（児）に関わる領域の業務に携わる際に，まずは身体障害そのものについて理解しておく必要がある。それはクライエントが直面するさまざまな心理的課題や葛藤，特徴的な行動や動作の基盤に，身体障害が存在する可能性が高いからである。そして身体障害には多様で幅広い障害が含まれており，心身の機能や構造に関する一定の理解が求められる。また身体障害は，障害者手帳所持者（推定値）の中では全体の約 77％（2018 年厚生労働省）を占める最もメジャーな障害である。

　そこで本章では，身体障害に含まれる各種の障害とその概要，身体障害者（児）の全体状況，公認心理師に期待される業務との関連について解説する。

II　身体障害の定義と分類

1．身体障害者福祉法による定義

　身体障害者福祉法で身体障害者とは，「視覚障害」「聴覚又は平衡機能の障害」「音声機能，言語機能又はそしゃく機能の障害」「肢体不自由」「心臓，じん臓又は呼吸器の機能の障害その他政令で定める障害」がある 18 歳以上の者であって，都道府県知事から身体障害者手帳の交付を受けたものをいう。なお，最後に示さ

表1　身体障害者障害程度等級表に示された障害

障害種	視覚障害	聴覚または平衡機能の障害		音声機能、言語機能またはそしゃく機能の障害	肢体不自由					心臓、じん臓、呼吸器、ぼうこうもしくは直腸または小腸、ヒト免疫不全ウイルスによる免疫もしくは肝臓の機能の障害						
		聴覚障害	平衡機能障害		上肢	下肢	体幹	乳幼児期以前の非進行性の脳病変による運動機能障害		心臓機能障害	じん臓機能障害	呼吸機能障害	ぼうこうまたは直腸機能障害	小腸機能障害	ヒト免疫不全ウイルスによる免疫機能障害	肝臓機能障害
								上肢機能	移動機能							
級	1～6級	2～6級	3、5級	3、4級	1～7級	1～7級	1～5級	1～7級		1～4級						

れた「心臓，……その他政令で定める障害」は，総称して「内部障害」とも呼ばれる。

　18 歳未満の場合は児童福祉法で定められ，障害児とは，「身体に障害のある児童，知的障害のある児童，精神に障害のある児童（発達障害児を含む）又は治療方法が確立していない疾病その他の特殊の疾病」の児童と規定されている。

２．身体障害者手帳

　身体障害者福祉法に定められた障害がある場合に，その部位ごとの障害（傷病）名で診断され，身体障害者手帳が市区町村の障害担当窓口を通じて申請や交付がなされる。

　身体障害者手帳の障害程度等級表における障害の内容は表１のように示されており，それぞれの障害ごとに１～６級が交付される（７級は手帳交付されない）。

　手帳には，障害名，等級の他に，JR 運賃と航空旅客運賃の割引対象者の範囲を示す第１種（本人および介護者１名）と第２種（原則，本人のみ）の別も示されている。

図 1　ICIDH の概念図（上田［1983］から抜粋）

3．国際障害分類（ICIDH）と国際生活機能分類（ICF）による障害の分類

① ICIDH（国際障害分類）の視点

　ICIDH は，1980 年に世界保健機関（WHO）から公表された（図 1）。これにより障害と疾病の区分が明確となり，さらに障害が 3 つに分類されたことで援助や支援の視点が整理された。また Handicap が示されたことで社会や環境との関連が明確になるなど，画期的なものであった。

　この分類に従えば，身体障害そのものは基本的に Impairment に分類されるものである。そしてそれに関連して，例えば「歩けない」「本を読めない」「おしゃべりができない」などの Disability が生じる。さらには，「就職できない」「趣味の活動に参加できない」などの Handicap につながる，と考えることができる。

　しかし，本来この 3 者は直線的な因果関係ではない。例えば下肢切断というImpairment があっても，義足の使用によって Disability や Handicap を感じさせない人たちは多い。一方，内部障害で人工肛門を装着しているような場合に，Disability がほとんどないにも関わらず，オストメイト対応のトイレが少ないことで外出機会が制限されるなどの Handicap が生じることがある。

　また ICIDH には，Impairment，Disability，Handicap に関連して生じる個人的体験や価値観などの個人差の問題について触れられていないなどの問題点があった。

② ICF（国際生活機能分類）の視点

　ICF は，ICIDH の改訂版として 2001 年に WHO 総会で採択がなされた（障害者福祉研究会，2002）。

　ICIDH は障害の分類であったが，ICF は障害の分類ではなく，生活機能の分類であることが大きな特徴である。そのため ICIDH では「…（でき）ない」と否定の表現になりがちであったものが全て「…する（こと）」とニュートラルな表現となった。そして各要素が双方向の矢印で結ばれることで，相互に影響し合うものの，因果関係ではないことが明確にされた。また「環境因子」と「個人因子」が加わることにより，環境整備の必要性と個人差の問題が含まれることとなったこ

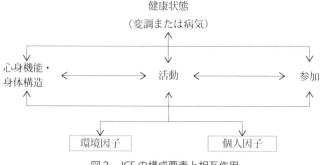

図2　ICF の構成要素と相互作用

とも大きな特徴である。

　ここで身体障害そのものは，「心身機能・身体構造」の否定的側面ということになる。それは，他の全ての要素と相互に影響し合うものであり，仮に「心身機能・身体構造」そのものの改善はみられなくても，環境因子の改善や個人因子への働きかけ，健康状態への配慮，活動の向上によって参加の拡大がもたらされるという支援の方向性についても整理することができる。

Ⅲ　身体障害の概要

1．肢体不自由

①肢体不自由の概要および定義

　からだが不自由なこと，あるいは手足を思うように動かすことができない状態が肢体不自由と呼ばれる。肢体とは「四肢」と「体幹」を意味する。四肢は肩関節から手指までの「上肢」と，股関節から足の指までの「下肢」を指す。「体幹」は脊柱を中軸とした上半身と頸部を指す。

　四肢体幹に永続的な運動機能障害がある場合を肢体不自由と呼ぶが，単に運動機能障害と呼ぶ場合もある。その原因となるものとしては，中枢神経（脳，脊髄）や末梢神経の損傷や疾病，筋肉や骨・関節の疾病などが多いが，四肢の切断や形成不全といった形態的なものも含まれる。

　教育分野においては，学校教育法施行令（第22条3）で肢体不自由特別支援学校に就学できる障害の程度として，以下のことが示されている。「1．肢体不自由の状態が補装具の使用によっても歩行，筆記等日常生活における基本的な動作が不可能又は困難な程度のもの」「2．肢体不自由の状態が前号に掲げる程度に達しないもののうち，常時の医学的観察指導を必要とする程度のもの」。

②肢体不自由の分類

　肢体不自由は，障害の原因により大きく 2 つに分けることができる。1 つ目は，脳性マヒや脳血管障害（脳梗塞，脳出血など）などに代表される中枢神経（脳・脊髄）の損傷や疾病によるものである。2 つ目は末梢神経，筋肉，骨・関節などの損傷や疾病，四肢の切断や形成不全などの中枢神経系以外に起因するものである。

　中枢神経の損傷や疾病に由来する場合には，肢体不自由に加えて知能や言語，記憶，知覚など種々の Impairment が重複する可能性が高くなる。中枢神経系以外に起因する場合には，Impairment が重複する可能性は低い。そのため，障害の原因となる疾病等についての情報は重要である。

③心理的特性

　先天性の肢体不自由の場合には，知覚・認知面や情緒・社会性の発達に身体運動が関係していることを考慮しておく必要がある。特に姿勢の保持や移動運動が困難な場合には，これらの発達に影響がある可能性がある。後天性の場合には，障害への適応（障害受容）のような，変化した自分の身体状態や社会との折り合いのつけ方が心理的課題になる場合がある。それまでのライフスタイルや価値観の見直しが求められる場合もあり，心理的適応上の課題となる可能性がある。いずれの場合にも，重複障害の有無やその影響についても考慮する必要がある。

2．視覚障害

①視覚障害の概要および定義

　視覚障害は正常な視覚が生じていない状態を言うが，法律的には視力と視野で定義される。身体障害者福祉法に定められた身体障害者手帳の障害程度等級表によれば，視覚障害は 1 級から 6 級まで示されている。1 級は「視力の良い方の眼の視力（万国式試視力表によって測ったものをいい，屈折異常のある者については，矯正視力について測ったものをいう。以下同じ。）が 0.01 以下のもの」であり，6 級は「視力の良い方の眼の視力が 0.3 以上 0.6 以下かつ他方の眼の視力が 0.02 以下のもの」となっている。

　学校教育法施行令（第 22 条 3 ）では，「両眼の視力がおおむね 0.3 未満のもの又は視力以外の視機能障害が高度のもののうち，拡大鏡等の使用によっても通常の文字，図形等の視覚による認識が不可能又は著しく困難な程度のもの」とされている。

②視覚障害の分類

視覚障害は「全盲」と多少は見える「弱視」に大別される。さらに弱視は，医学的なものと社会的なものに分けられる。医学的弱視（Amblyopia）とは，小児期の視覚発達が屈折異常や斜視などのために遅延した状態であり，正常な矯正視力が得られないものを指す。社会的弱視（Low Vision）とは，全盲以外で何らかの保有視覚があり，それが多少でも使える状態である。社会的弱視の範囲は非常に広く，重度から軽度までその見え方はさまざまである。

③特徴的行動

　早期の高度視覚障害児では，幾つかの特徴的行動がしばしばみられることが指摘されている（今野，2011）。指で眼球や目の周囲を圧迫する（指眼現象），身体のリズミカルな揺さぶりや旋回，実際体験の裏づけに乏しい発話（バーバリズム）である。これらは，状況対処の適応的行動であると考えられる。弱視児では，光源に向いて眼前で手や紙を振り続ける行動や指眼現象がみられることがある。

3．聴覚または平衡機能の障害

①聴覚障害の概要および定義

　聴覚障害は，聴覚機能の永続的な低下の総称であり，一般的には聴力障害のことを指す。聴力障害の程度は，周波数 500，1,000，2,000 Hz の音についての平均聴力レベルで表される。WHO と身体障害者手帳の障害程度等級表に示された分類を表2に示す。

　聴覚障害は，その原因部位によって伝音難聴と感音難聴に大別される（永渕，2011）。伝音難聴は，外耳道，鼓膜，中耳の異常で聴力低下をきたした状態である。感音難聴は，内耳から大脳聴覚野までの異常で生じるが，これはさらに2種類に分けられる。1つは内耳性難聴で，これは内耳障害で起こるが，聴力低下だけでなく音が歪んで聞こえる。感音難聴の代表例は内耳性難聴である。もう1つは，中枢性聴覚障害で，主として大脳聴覚野の障害によるもので，音としては聞こえているがその内容などが理解できない状態で，脳機能障害の一つの症状である。

②平衡機能と平衡機能障害の概要および定義

　平衡機能障害は，めまいやふらつきなどの症状としてあらわれる。身体障害等級表では「3級：平衡機能の極めて著しい障害」と「5級：平衡機能の著しい障害」に分類される。前者は，「四肢体幹に器質的異常がなく，他覚的に平衡機能障害を認め，閉眼にて起立不能，又は開眼で直線を歩行中 10 m 以内に転倒若しく

表2　聴覚障害の程度と分類

db（デシベル）	聴力程度		音や声の大きさの目安
	WHO	障害者手帳	
0 20 40 60 80 100 120	正常：25 db 以下 軽度：26 ～ 40 db 中等度：41 ～ 60 db 高度：61 ～ 80 db 重度：81 db 以上	6級：70 db 以上 4級：80 db 以上 3級：90 db 以上 2級：100 db 以上	30 db：ささやき声 40 db：静かな会話 60 db：一般の会話 80 db：大きな声の会話 100 db：耳元での叫び声

は著しくよろめいて歩行を中断せざるをえないもの」，後者は「閉眼で直線を歩行中 10 m 以内に転倒又はよろめいて歩行を中断せざるを得ないもの」とされる。

③心理的特性

　聴覚障害は，コミュニケーション障害，情報障害，関係障害と言われる（塘・福嶋，2011）。子どもの場合，言語獲得に大きく影響を及ぼすことになる。発達に伴う語彙量の増加が，健聴児に比べて 1 ～ 4，5 年の遅れがみられ，個人差も大きい。成長発達におけるコミュニケーションが阻害されると，親や周りの人たちとの心理的交流が阻害され，孤立感など精神的に安定を欠くことにつながることも指摘されている（藤本，2013）。

　中途失聴者の場合には，聴覚の喪失体験がコミュニケーションの不成立からくる疎外感・孤立感と合わさって心理的不安定さを増す場合がある。そして聴覚障害を適切に認識して，自己のアイデンティティを確立することも必要となることが指摘されている（浅野，1999）。

4．音声機能，言語機能またはそしゃく機能の障害

①音声機能，言語機能の障害の概要

　音声機能障害は，主として喉頭周囲における声と発声にかかわる障害をいう。喉頭の腫瘍や外傷などによる形態異常，発声筋の麻痺などが原因となる。

　言語機能障害は，喉頭より上部の構音器官（口唇，舌，下顎，口蓋など）における発音（構音）にかかわる障害と，音声言語（話しことば）の理解と表出にかかわる障害をいう。脳血管障害による失語症，口蓋裂の後遺症による形態障害などが原因となる。

身体障害認定基準では，「3級:音声機能又は言語機能の喪失」は，音声を全く発することができないか，発声しても言語機能を喪失した状態で，「4級:音声機能又は言語機能の著しい障害」は，音声，言語のみを用いて意思を疎通することが困難なものを言う。

②そしゃく機能障害の概要

　そしゃく機能障害には，「そしゃく嚥下障害」と「咬合異常によるそしゃく障害」の2つがある。そしゃく嚥下障害は，脳血管障害などの神経系疾患や重症筋無力症などの筋疾患が原因となる。咬合異常によるそしゃく障害は，口唇・口蓋裂等の先天異常の後遺症などが主な原因となって，咬み合わせが極端に悪い状態である。身体障害認定基準では，「3級:そしゃく機能の喪失」は，経管栄養以外に方法がない状態で，「4級:そしゃく機能の著しい障害」は経管栄養の併用が必要であったり，摂取できる食物の内容，摂取方法に著しい制限がある，または著しい咬合異常があるものを言う。

5．内部障害（心臓，じん臓，呼吸器，ぼうこうもしくは直腸または小腸，ヒト免疫不全ウイルスによる免疫もしくは肝臓の機能の障害）

①内部障害の定義と分類

　心臓機能障害：疾病等により永続的に心臓機能の著しい低下のある状態で，心電図等での所見に加え，18歳以上の場合には日常生活活動等における支障や症状の程度，18歳未満では継続的な医療の必要性により，障害程度の1, 3, 4級が認定される。

　じん臓機能障害：疾病等により永続的に腎臓機能の著しい低下のある状態で，じん機能を基本として，日常生活の制限の程度，じん不全に基づく臨床症状，治療の状況により，1, 3, 4級が認定される。

　呼吸器機能障害：疾病等により永続的に呼吸器機能の著しい低下のある状態で，呼吸器の機能障害と活動能力の程度により，1, 3, 4級が認定される。

　ぼうこう又は直腸の機能障害：ぼうこう機能障害については，疾病等によって尿路変更のストマ（人工的に増設・変更された排出経路のこと）を増設したり，あるいは高度の排尿機能障害などがある状態で，1, 3, 4級が認定される。直腸機能障害は，腸管ストマを増設しているか，あるいは高度の排便機能障害などがある状態で，1, 3, 4級が認定される。

　小腸機能障害：疾病等によって小腸切除又は小腸機能の著しい低下のある状態

で，体重減少率や残存小腸の部位や長さ，栄養維持の方法などの状況等により，1，3，4級が認定される。

　　ヒト免疫不全ウイルスによる免疫機能障害：ヒト免疫不全ウイルス（HIV）感染により永続的に免疫の機能の著しい低下のある状態で，免疫機能の所見に加え，合併症や日常生活上の制限などにより，1〜4級が認定される。

　　肝臓機能障害：疾病等により永続的に肝臓機能の著しい低下のある状態で，肝臓機能を基本とし，臨床症状や治療の状況，日常生活活動の制限の程度により，1〜4級が認定される。

②心理的特性

　　内部障害は，何らかの疾病等に由来している場合が多い。そのため，長期の入院や療養生活となりやすく，主体性や自発性の後退，意欲減退，活動性の低下，感情鈍麻，無関心などホスピタリズムの問題が指摘される（田中・古賀，2013）。

　　また長期にわたる生活規制が必要となり，さまざまな喪失体験や社会参加の機会の減少をきたすことがある。心理的安定のための支援とともに，疾病や治療についての正しい知識と理解，生活習慣の習得などを通じて，疾病の自己管理能力を高める支援が求められる。

■ IV　身体障害児者の全体状況

1．身体障害者の人数

　　2016年に厚生労働省が実施した全国在宅障害児・者実態調査結果によれば，障害者手帳所持者は5,594,000人と推定され，そのうち身体障害者手帳所持者は4,287,000人（76.6％）と推定されている。身体障害者手帳所持者は2011年（3,846,000人）よりも441,000人増え，調査が開始された1951年以降一貫して増え続けている。

　　身体障害の中での障害種別の推計値は表3のようになっており，肢体不自由の割合が最も高く，全体の45.0％となっている。また，年齢階級別にみた身体障害者手帳所持者数の推計値は表4のようになっており，65歳以上の割合が最も高く，全体の72.6％となっている。

　　障害者の中では身体障害が最も多く，その中で肢体不自由と内部障害で7割を超えている。さらに20歳以上の成人で約98％を占め，65歳以上の高齢者で70％以上を占めていることが特徴である。そのため，身体障害者（児）への心理的

表3　障害種別にみた身体障害者手帳所持者数（2016年）

総数	視覚障害	聴覚・言語障害	肢体不自由	内部障害	不詳
4,287	312	341	1,931	1,241	462
（100.0）	（7.3）	（8.0）	（45.0）	（28.9）	（10.8）

（単位：上段 千人，下段 %）

表4　年齢階級別身体障害者手帳所持者数（2016年）

0〜9歳	10〜19	20〜29	30〜39	40〜49	50〜59	60〜64	65〜69	70〜	不詳
31	47	74	98	186	314	331	576	2,586	93
（0.7）	（1.1）	（1.7）	（2.3）	（4.3）	（7.3）	（7.7）	（13.4）	（59.2）	（2.2）

（単位：上段 千人，下段 %）

支援に携わる際には，肢体不自由や内部障害についての理解，成人や高齢者の心理に関する理解が必要である。

2．身体障害のある子どもの就学状況

特別支援教育において身体障害に関連する障害種は，視覚障害，聴覚障害，肢体不自由，病弱・身体虚弱の一部である。それぞれの障害種については，特別支援学校や特別支援学級に在籍していたり，通級指導教室を利用したり，通常学級に在籍している場合もある。特別支援学校，特別支援学級，通級指導教室に在籍する児童生徒の状況は表5〜6のようになっている（2017（平成29）年度文部科学省特別支援教育資料）。

学校教育において身体障害のある子どもへの心理的支援に携わる場合には，子どもであることから発達や学習に関する知見が必要なのは言うまでもないが，視覚障害，聴覚障害，肢体不自由や病弱（学校教育における制度的概念であり，内部障害と同じではないが，内容的に近い部分は多い）に関する理解が必要である。

3．身体障害者の就労状況

2019年に厚生労働省が実施した障害者雇用状況の集計結果では，約30万人の身体障害者が雇用されており，その内訳は表7のようになっている。ただし，2018年4月からは法定雇用率の算定基礎に精神障害者が加えられ，法定雇用率は民間で2.0%から2.2%に引き上げられた。

今後，雇用される障害者は増加していくことが期待されており，就労に関する心理的支援に携わる場合には，生活支援やコンサルテーション，家族支援の視点

表5　特別支援学校対応障害種別在籍幼児児童生徒数（2017年；単位は人）

特別支援学校	幼稚部	小学部	中学部	高等部	合計
視覚障害	199	1,550	1,228	2,340	5,317
聴覚障害	1,141	2,935	1,853	2,340	8,269
肢体不自由	102	13,578	8,381	9,752	31,813
病弱・身体虚弱	38	7,306	5,158	6,933	19,435
知的障害	247	37,207	27,662	63,796	128,912

表6　特別支援学級在籍児童生徒数及び通級による指導を受けている児童生徒数
（2017年；単位は人）

	特別支援学級			通級指導		
	小学校	中学校	合計	小学校	中学校	合計
弱視	413	134	547	176	21	197
難聴	1,242	470	1,712	1,750	446	2,196
肢体不自由	3,418	1,090	4,508	100	24	124
病弱・身体虚弱	2,480	1,021	3,501	20	9	29
知的障害	77,743	35,289	113,032	—	—	—
言語障害	1,570	165	1,735	37,134	427	37,561
自閉症・情緒障害	80,403	30,049	110,452	—	—	—
自閉症	—	—	—	16,737	2,830	19,567
情緒障害	—	—	—	12,308	2,284	14,592
学習障害	—	—	—	13,351	3,194	16,545
注意欠陥多動性障害	—	—	—	15,420	2,715	18,135

（—は区分の該当なし）

も求められる。

4．関連する法律と制度

　障害者を取り巻く社会的状況は，近年，大きく変化している。心理的支援に携わる場合においても，法律や制度について一定の理解をしておくことが求められる。

①障害者総合支援法

　「障害者総合支援法（障害者の日常生活及び社会生活を総合的に支援するための法律）」は，共生社会を実現するため，社会参加の確保及び地域社会における共

表7 身体障害者の雇用状況（2019年，単位：人）

	重度身体障害者	重度身体障害者である短時間労働者	重度以外の身体障害者	重度以外の身体障害者である短時間労働者
民間企業	100,840	12,501	131,503	16,900
国・地方公共団体・独立行政法人等	17,359	1,402	20,945	1,809

生，社会的障壁の除去などを基本理念として，2012年に障害者自立支援法から改正された。

　障害者総合支援法による障害福祉サービスには，自立支援給付（介護給付，訓練等給付，自立支援医療，補装具等）と地域生活支援事業等（移動支援，地域活動支援センター等）があり，全体の概要は図3のようになっている。

　障害者総合支援法では，身体障害者，知的障害者，精神障害者，難病等患者，障害児を対象としている。なお障害児については，障害者手帳や診断名を有しなくても，サービス利用が認められる場合がある。いずれの場合も，サービス利用に際しては市区町村への申請又は相談支援事業所を通じて申請することとなる。

②障害者差別解消法

　「障害者差別解消法（障害を理由とする差別の解消に関する法律）」は，すべての国民が，障害の有無によって分け隔てられることなく，相互に人格と個性を尊重し合いながら共生する社会の実現に向け，障害を理由とする差別の解消を社会において推進することを目的として2013年に成立し，2016年4月に施行された。ここで「障害者」とは，身体障害，知的障害，精神障害（発達障害を含む），その他の心身の機能の障害がある者であって，障害および社会的障壁により継続的に日常生活または社会生活に相当な制限を受ける状態にあるものとされている。なお，障害者の中に障害児も含まれている。

　そして行政機関等（国の行政機関，独立行政法人等，地方公共団体および地方独立行政法人）については，障害を理由として障害者でない者と不当な差別的取り扱いをすることにより，障害者の権利利益の侵害をしてはならないもの（「不当な差別的取り扱い」の禁止）とされている（法的義務）。また，障害者から現に社会的障壁の除去を必要としている旨の意思表明があった場合において，その実施に伴う負担が過重でないときは，障害者の権利利益を侵害することとならないよう，障害者の性別，年齢および障害の状態に応じて，社会的障壁の除去の実施について必要かつ合理的な配慮（合理的配慮）をしなければならないものとされて

自立支援給付		地域生活支援事業

障害福祉サービス

介護給付	訓練等給付
・居宅介護	・自立訓練
・重度訪問介護	（生活訓練・機能訓練）
・同行援護	・就労移行支援
・行動援護	・就労継続支援
・重度障害者等包括支援	（A型、B型）
・短期入所	・共同生活援助
（ショートステイ）	（グループホーム）
・療養介護（通所）	・就労定着支援
・生活介護（通所）	・自立生活援助
・施設入所支援	

| ・計画相談支援給付 |
| ・地域相談支援給付 |
| 　（地域移行支援・ |
| 　地域定着支援） |

自立支援医療
・更生医療
・育成医療
・精神通院医療

補装具（給付・借受け）

障害児に対するサービス

障害児通所支援（市区町村実施）障害児入所支援（都道府県実施）
・福祉型児童発達支援　　・福祉型障害児入所施設
・医療型児童発達支援　　・医療型障害児入所施設
・放課後等デイサービス　・障害児訪問支援
・保育所等訪問支援　　　・居宅訪問型児童発達支援

地域生活支援事業
（市区町村実施）
・理解促進研修・啓発事業
・自発的活動支援事業
・相談支援事業
・成年後見制度利用
　支援事業
・成年後見制度法人後見
　支援事業
・意思疎通支援事業
・日常生活用具給付等事業
・手話奉仕員養成研修事業
・移動支援事業
・地域活動支援センター
　機能強化事業
・その他の事業
（都道府県実施）
・専門性の高い事業
・広域的な支援事業
・その他の事業
　（研修事業を含む）

図3　自立支援給付と地域生活支援事業等の全体像

　いる（法的義務）。仮に合理的配慮を行うことが求められ，合理的配慮を行わないという不作為により障害者の権利利益が侵害された場合には，差別に当たるものとされている。

　事業者（商業その他の事業を行う者で，個人事業主や社会福祉法人，学校法人，NPO法人の行う非営利事業も含まれる）については，「不当な差別的取り扱い」の禁止は法的義務であり，合理的配慮は努力義務とされている。

　なお「不当な差別的取り扱い」および「合理的配慮」については，個々の状況ごとに判断されるものであり，あらかじめ列挙することが困難である。そのため，具体的な内容に関してはガイドライン等によって示されることとなっている。行

政機関等についてはガイドラインや対応要領が示されており，それらを基にして取り組みを行うこととなる。

◆学習チェック表

☐　身体障害に含まれる障害種について理解をした。
☐　身体障害に含まれる各障害の概要について理解をした。
☐　国際障害分類と国際生活機能分類について理解をした。
☐　身体障害児者の人数や年齢構成について理解をした。
☐　身体障害児者が過ごしている所や受けているサービスの概要について理解をした。

より深めるための推薦図書

　大川弥生（2004）新しいリハビリテーション．講談社現代新書．
　清水貞夫・西村修一（2016）「合理的配慮」とは何か？　クリエイツかもがわ．
　上田敏（2005）ICF の理解と活用．萌文社．

　　文　　　献

浅野史行（1999）聴覚障害者の世界．In：中野善達・吉野公喜編：聴覚障害の心理．田研出版，pp.25-39.
藤本裕人（2013）聴覚障害児・者の理解と心理的援助．In：田中信雅・古賀精治編：新訂 障害児・障害者心理学特論．NHK 出版，pp.73-94.
今野正良（2011）高度視覚障害児の療育．In：篠田達明監修：視覚・聴覚・言語障害児の医療・療育・教育．金芳堂，pp.18-23.
厚生労働省（2018）身体障害者手帳の概要．http://www.mhlw.go.jp/stf/seisakunitsuite/bunya/hukushi_kaigo/shougaishahukushi/shougaishatechou/（閲覧日 2018 年 5 月 2 日）
厚生労働省社会・援護局障害保健福祉部企画課（2018）平成 28 年生活のしづらさなどに関する調査（全国在宅障害児・者等実態調査）結果の概要．http://www.mhlw.go.jp/toukei/list/dl/seikatsu_chousa_b_h28.pdf（閲覧日 2018 年 5 月 2 日）
文部科学省（2016）特別支援教育資料（平成 28 年度）．http://www.mext.go.jp/a_menu/shotou/tokubetu/material/1386910.htm（閲覧日 2018 年 5 月 2 日）
永渕正昭（2011）聴覚障害の定義と分類．In：田中信雅・古賀精治編：新訂 障害児・障害者心理学特論．NHK 出版，pp.121-123.
NPO 法人日本医療ソーシャルワーク研究会編（2019）医療福祉総合ガイドブック．医学書院．
芝田裕一（2007）視覚障害児・者の理解と支援．北大路書房．
篠田達明監修（2011）視覚・聴覚・言語障害児の医療・療育・教育（改訂 2 版）．金芳堂．
障害者福祉研究会（2002）ICF 国際生活機能分類―国際障害分類改訂版．中央法規．
障害者差別解消法解説編集委員会編著（2014）概説障害者差別解消法．法律文化社．
田中新正（2013）病弱児・者の理解と心理的援助．In：田中信雅・古賀精治編著：新訂 障害児・障害者心理学特論．NHK 出版，pp.154-168.
塘まゆり・福嶋正和（2011）難聴児の療育．In：篠田達明監修：視覚・聴覚・言語障害児の医療・療育・教育．金芳堂，pp.133-146.
上田敏（1983）リハビリテーションを考える．青木書店．

知的障害の概要

野口和人

⚷ *Keywords*　知的障害，知的障害者福祉法，国際疾病分類（ICD），精神疾患の診断・統計マニュアル（DSM），米国知的・発達障害協会（AAIDD），機能状態，病理的要因

I　はじめに

　知的障害は，これまで心理職が長く関わってきた障害の一つであり，さまざまな教育・福祉サービス，個々に応じた適切な支援の提供等に関し，心理職の果たす役割は大きい。特に後者に関しては，アメリカ知的・発達障害学会が「長期にわたる適切な個別支援によって，知的障害がある人の生活機能は全般的に改善するであろう」と示しているとおり，これを見出していくことの意義はきわめて大きい。

　それゆえ，公認心理師には，知的障害に関する多様な生理的・病理的要因を踏まえつつ，人に内在する条件としてではなく機能状態として知的障害を捉え，多面的・多角的に機能状態を把握していく力量が求められる。関連する法令とそれらに基づいて提供されるさまざまな教育・福祉サービス，制度の枠組みを理解しておくことも，適切な支援を見出していくうえで欠くことのできないものである。

II　わが国の法令における知的障害

　まず，第 1 章にも示した「障害者の日常生活及び社会生活を総合的に支援するための法律」（障害者総合支援法）の第 4 条（定義）を見ると，身体障害者については「身体障害者福祉法第 4 条に規定する（下線は著者：以下同じ）」とされ，精神障害者およびここに含まれるとされる発達障害者については，それぞれ「精神保健及び精神障害者福祉に関する法律第 5 条に規定する」「発達障害者支援法（平成 16（2004）年法律第 167 号）第 2 条第 2 項に規定する」とされている。とこ

ろが，知的障害者については「知的障害者福祉法にいう」とされ，他の障害者とは異なる表記になっている。このような違いが生じているのは，各障害者の福祉を図ることを目的とする法律のなかで，知的障害者福祉法（平成29（2017）年改正）においてのみ定義規定がないからである。

　教育に関わる法令については，学校教育法（平成29（2017）年改正）において，特別支援学校の対象が視覚障害者，聴覚障害者，知的障害者，肢体不自由者又は病弱者（身体虚弱者を含む）であること（第72条），それぞれの障害の程度は政令で定めること（第75条）が規定されており，学校教育法施行令（平成29年改正）において視覚障害者等の障害の程度が示されている（第22条の3）。ちなみに，学校教育法施行令に示されている知的障害者の障害の程度は以下の通りである。

　　1）知的発達の遅滞があり，他人との意思疎通が困難で日常生活を営むのに頻繁に援
　　　助を必要とする程度のもの
　　2）知的発達の遅滞の程度が前号に掲げる程度に達しないもののうち，社会生活への
　　　適応が著しく困難なもの

　一見してわかるように，これらはあくまで障害の程度を示したものであって，知的障害者を定義するものではない。

　以上のように，福祉，教育に関わる法令においては，知的障害者について明確に定義されていない。

　なお，「精神保健及び精神障害者福祉に関する法律」の第5条で規定される精神障害者には知的障害が含まれているが，同法において精神障害者保健福祉手帳や相談指導等を規定している第6章，および精神障害者社会復帰促進センターについて規定している第7章においては，「知的障害者を除く」とされている。

■ III　福祉，教育等の領域における知的障害

　それでは，福祉，教育等の領域において，知的障害者ないしは知的障害は，何においてどのように定義されているのだろうか。

1．厚生労働省資料等に見る知的障害

　厚生労働省では，「知的障害児（者）基礎調査」（平成23（2011）年以降は「身体障害児・者実態調査」と統合され，「生活のしづらさなどに関する調査（全国在

生活能力 IQ	a	b	c	d
Ⅰ（IQ ～ 20）	最重度知的障害			
Ⅱ（IQ 21 ～ 35）	重度知的障害			
Ⅲ（IQ 36 ～ 50）	中度知的障害			
Ⅳ（IQ 51 ～ 70）	軽度知的障害			

図1　知的障害の程度の判定基準（厚生労働省，2005）

宅障害児・者等実態調査）」として実施されている）の平成17（2005）年度結果概要において，知的障害の定義を示している。そこでは，知的障害は「知的機能の障害が発達期（おおむね18歳まで）にあらわれ，日常生活に支障が生じているため，何らかの特別の援助を必要とする状態にあるもの」とされ，知的障害の判断基準は下記の（a）と（b）のいずれにも該当することとされている。

（a）「知的機能の障害」について

　標準化された知能検査（ウェクスラーによるもの，ビネーによるものなど）によって測定された結果，知能指数がおおむね70までのもの。

（b）「日常生活能力」について

　日常生活能力（自立機能，運動機能，意思交換，探索操作，移動，生活文化，職業等）の到達水準が総合的に同年齢の日常生活能力水準（別記1）のa，b，c，dのいずれかに該当するもの。

　なお，上記（b）に（別記1）と記載されている「同年齢の日常生活能力水準」は，結果の概要においては省略されているが，日常生活能力の到達水準を年齢区分ごとに4段階で評価するもので，「d」から「a」に向かって，より低い水準にあることを示している。

　この定義においては，知的障害の程度についても示されており，上に示した図にあるように，知能水準と日常生活能力水準の2軸に基づき判定される。

　知的障害の程度の判定にあたっては日常生活能力の到達水準が優先され，例えば知能水準が「Ⅰ（IQ ～ 20）」であっても日常生活能力の到達水準が「d」の場

合は，障害の程度は「重度」の判定となる。また，身体障害者福祉法に基づく障害等級が1級，2級または3級に該当する場合は，「最重度→最重度」「重度→最重度」「中度→重度」といったように判定を修正することとされている。さらには，発作や服薬の管理，身体的健康への看護の必要性などに関わる保健面，多動や自傷，物損などの行動上の障害に関わる行動面についても，それぞれ5段階で程度を判定し，知的障害の程度判定に付記するものとされている。

2．文部科学省資料等に見る知的障害

文部科学省では，「教育支援資料～障害のある子供の就学手続と早期からの一貫した支援の充実～」（平成25（2013）年10月）において，知的障害について定義を示すとともに，学校教育法施行令に示されている特別支援学校（知的障害）の対象者である子どもの障害の程度，および平成25（2013）年10月4日付け初等中等教育局長通知において示された知的障害特別支援学級の対象となる知的障害者の障害の程度について解説している。

まず，知的障害について，「一般に，同年齢の子供と比べて，『認知や言語などにかかわる知的機能』が著しく劣り，『他人との意思の交換，日常生活や社会生活，安全，仕事，余暇利用などについての適応能力』も不十分であるので，特別な支援や配慮が必要な状態とされている。また，その状態は，環境的・社会的条件で変わり得る可能性があるといわれている」（上記資料，107頁）と定義している。

学校教育法施行令に示されている知的障害者の障害の程度については，そこに記された文言について，具体例を示しながら一つひとつ解説している。

まず「知的発達の遅滞があり」という文言については，「認知や言語などにかかわる知的機能の発達に明らかな遅れがあるという意味である。つまり，精神機能のうち，情緒面とは区別される知的面に，同年齢の子供と比較して平均的水準より明らかに遅れが有意にあるということである」とし，「他人との意思疎通が困難」という文言については，「特別な配慮なしに，その年齢段階に標準的に要求されるコミュニケーション能力が身に付いていないため，一般的な会話をする際に話された内容を理解することや自分の意思を伝えることが著しく困難であり，他人とのコミュニケーションに支障がある状態を示す」としている。なお，ここでいう意思疎通の困難さとは，「知的機能の発達の遅滞により，相手から発信された情報が理解できず，的確な対応ができない」ことによる。

「日常生活を営むのに頻繁に援助を必要とする」とは，「一定の動作，行為の意

味，目的，必要性を理解できず，その年齢段階に標準的に要求される日常生活上の行為に，ほとんどの場合又は常に援助が必要である程度のこと」であり，例として身辺処理など（箸の使用，排泄の始末）において援助を必要とすることを挙げている。「社会生活への適応が著しく困難」であることについては，他人とのかかわりの難しさなどについて年齢段階を考慮した例（他人とかかわって遊ぶ，社会的なルールに沿って行動する，自分の役割を知り責任をもって取り組む，など）が示されている。

　平成25（2013）年10月4日付け初等中等教育局長通知においては，知的障害特別支援学級の対象となる知的障害者の障害の程度について，「知的発達の遅滞があり，他人との意思疎通に軽度の困難があり日常生活を営むのに一部援助が必要で，社会生活への適応が困難である程度のもの」であることが示されている。これについては，「その年齢段階に標準的に要求される機能に比較して，他人との日常生活に使われる言葉を活用しての会話はほぼ可能であるが，抽象的な概念を使った会話などになると，その理解が困難」であるが，家庭生活や学校生活において，年齢段階で標準的に求められる生活スキルについてはほとんど支障がない程度の者と説明されている。

■ IV　国際的な診断基準における知的障害

1．国際疾病分類（ICD：疾病及び関連保健問題の国際統計分類）

　国際疾病分類（ICD；International Statistical Classification of Diseases and Related Health Problems）とは，世界保健機関（WHO）により国際的に統一した基準で定められた死因および疾病の分類である。これは，さまざまな国や地域で異なる名称で呼ばれる同じ疾病に対して世界共通のコードを付すことにより，各種疾病の発症率等の国際比較を可能とすることを目的としたものである。1900年（明治33年）に初めて承認されて以降，WHOにおいて約10年ごとに改訂が行われ，現在のICD-10は1990年にWHO総会において承認された。その後，長い期間にわたり大幅な改訂は行われていなかったが，新しい版であるICD-11が2018年6月に公表された。なお，日本では，公的統計（人口動態統計，患者調査，社会医療診療行為別調査等）や診療報酬明細書等における死因・疾病分類として，ICDに準拠した統計基準を用いている。

　さて，2020年2月現在，ICD-11の正式な邦訳版が公表されていないため，ここではICD-10について記すこととするが，正式な邦訳版が公表された場合には

表1　ICD-10 における知的障害の程度の分類

知的障害の程度	詳細
F70 軽度知的障害	およそ IQ 50 から 69（成人の場合，精神年齢9歳から12歳未満）。学校でいくつかの学習困難をきたしやすい。多くの成人は働くことができ，社会的関係がよく保たれ，社会へ貢献する。
F71 中等度知的障害	およそ IQ 35 から 49（成人の場合，精神年齢6歳から9歳未満）。小児期には著明な発達の遅れをきたしやすいが，多くの者は，自分の身の回りのことをある程度できるようになり，他人とのコミュニケーションができ，型にはまった技術を行える。成人は，社会で生活したり働いたりするために，さまざまな程度の援助を必要とする。
F72 重度知的障害	およそ IQ 20 から 34（成人の場合，精神年齢3歳から6歳未満）。援助の持続的な必要をきたしやすい。
F73 最重度知的障害	IQ 20 未満（成人の場合，精神年齢3歳未満）。自分の身の回りのこと，排泄抑制力，コミュニケーション及び運動において，重度の制限をきたす。

そちらを確認していただきたい。ICD-10 において知的障害は，「精神発達の停止，あるいは不完全な状態であり，とりわけ，全体的な知識水準に寄与する認知，言語，運動及び社会的能力などの技能が成長期を通じて損なわれている状態を特徴としている。遅滞は他の精神的あるいは身体的な病態を伴うことも伴わないこともある」と定義されており，その程度については表1のように分類されている（分類としては，表1に示した以外に，「F78　その他の知的障害」「F79　詳細不明の知的障害」がある）。なお，行動面の機能障害の有無・程度について4段階の細分類項目が設けられている。

2．精神疾患の診断・統計マニュアル（DSM）

DSM（Diagnostic and Statistical Manual of Mental Disorders）は，アメリカ精神医学会（APA；American Psychiatric Association）による国際的に広く利用されている診断マニュアルであり，1952 年にその初版である DSM-I が出版された。当初は統計調査のために作成されたものであったが，第3版以降，明確な診断基準を示すことにより精神疾患の診断の信頼性に関わる問題への対応を意図している。最新の版は，2013 年に出版された DSM-5 である（第4版までは版を表すのにローマ数字が用いられていたが，第5版からは算用数字が用いられている）。

DSM-5 では，知的障害は，発達期に発症する一群の疾患を表す「神経発達症候群／神経発達障害群」における「知的能力障害群」に位置づけられている。この群には，「知的能力障害（知的発達症／知的発達障害）」「全般的発達遅延」「特定

表2　DSM-5における知的能力障害の診断基準

基準A	臨床的評価および個別化，標準化された知能検査によって確かめられる，論理的思考，問題解決，計画，抽象的思考，判断，学校での学習，および経験からの学習など，知的機能の欠陥。
基準B	個人の自立や社会的責任において発達的および社会文化的な水準を満たすことができなくなるという適応機能の欠陥，継続的な支援がなければ，適応上の欠陥は，家庭，学校，職場，および地域社会といった多岐にわたる環境において，コミュニケーション，社会参加，および自立した生活といった複数の日常生活活動における機能を限定する。
基準C	知的及び適応の欠陥は，発達期の間に発症する。

不能の知的能力障害」が含まれる。「全般的発達遅延」は，小児期早期（一般に5歳未満）に臨床的重症度の妥当性のある評価ができない場合などに，「特定不能の知的能力障害」は，5歳以上であっても関連する感覚または身体障害のためにその場で実施できる方法では知的能力障害の評価が困難である場合に用いられる，いわば暫定的な診断である。

「知的能力障害（知的発達症）とは，発達期に発症し，概念的，社会的，および実用的な領域における知的機能と適応機能両面の欠陥を含む障害である」とされ，3つの基準を満たすことが要件となっている。なお，重症度のレベルは，DSM-IV-TRまでは基本的にIQ得点の値に基づき定義されていたが，DSM-5では適応機能に基づき定義される。これは必要とされる支援のレベルは適応機能により決定されるとの考えに基づいており，適応機能を概念的領域，社会的領域，実用的領域の3領域に分け，軽度，中等度，重度，最重度の各重症度レベルにおける各領域の具体的特徴が示されている。

基準Aについて，知的能力障害をもつ人の知的機能は，「包括的で文化的に適切な，精神測定学的に信頼できる」個別施行の知能検査により測定され，「測定誤差の余白を含めて，その母平均よりも約2標準偏差またはそれ以下である」とされている。標準偏差が15，平均を100とする検査では，この数値は65〜75（70±5）となる。なお，IQ検査得点のみに基づく判断が適切ではない場合があることを挙げている。例として，IQ得点が70以上であっても，その人が社会的な判断，社会的な理解等において非常に重度の適応行動をもつ場合には，その人の実際の機能はIQ得点のより低い人と同等である場合を挙げ，「検査結果の解釈や知的能力の判断をするために，臨床的な訓練および判断が必要」としている。

基準Bについては，上述した3つの領域のうち少なくとも1つの領域が著しく障害され，学校や職場といった生活状況のうち1つ以上において適切な行動を取

るためには継続的な支援が必要である場合に満たされる。

　なお，知的機能低下の診断基準を満たすためには，適応機能における欠陥が基準Aに示す知的な障害に直接関連している必要がある。

3．米国知的・発達障害協会（AAIDD）による定義

　米国知的・発達障害協会（AAIDD；American Association on Intellectual and Developmental Disabilities）は，知的障害に関する世界的に権威ある学会であり，知的障害の定義や分類等に関するマニュアルを 1921 年より公刊している。これらマニュアルにおいて示されてきた定義や知的障害に関わるさまざまな議論は，上述した DSM や ICD にも影響を及ぼしている。例えば，1992 年に出された第 9 版においては，個人の特性と環境，および必要とされる支援との関係において作り出される機能状態に着目する機能的定義がいち早く提唱されており，2002 年に公刊された第 10 版においては，適応行動が 3 つの領域から構成されるとする考え方（DSM では第 5 版から導入された）がすでに示されている。

　さて，2010 年に公刊された最新のマニュアルである "Intellectual Disability: Definition, Classification, and Systems of Supports（知的障害：定義，分類および支援体系）" の第 11 版においては，知的障害は以下のように定義されている。

> 「知的障害は，知的機能と適応行動（概念的，社会的および実用的な適応スキルによって表される）の双方の明らかな制約によって特徴づけられる能力障害である。この能力障害は 18 歳までに生じる」

　また，定義を適用するための前提が不可欠であるとして，以下の 5 つの前提を示している。

> 1．今ある機能の制約は，その人と同年齢の仲間や文化に典型的な地域社会の状況の中で考慮されなければならない。
> 2．アセスメントが妥当であるためには，コミュニケーション，感覚，運動および行動要因の差はもちろんのこと，文化的，言語的な多様性を考慮しなければならない。
> 3．個人の中には，制約と強さが共存していることが多い。
> 4．制約を記述する重要な目的は，必要とされる支援のプロフィールを作り出すことである。
> 5．長期にわたる適切な個別支援によって，知的障害がある人の生活機能は全般的に改善するであろう。

　以上の前提はいずれも欠くことのできないものであるが，知的障害のある人の

支援に関わる者にとって,「知的障害のある人にもうまくできることがたくさんあり,また,知的障害とは関係ない能力や強さを持つことがある」こと,「知的障害の名称を人に付与することは,その人が必要としている支援提供を導くものでなければならない」こと,「知的障害のある人は決して改善しないという,古くからある固定概念は間違っていることを知る」ことは,特に心に留めておくべきことであろう(以上,引用部分は AAIDD のマニュアル第 11 版による)。

■ V　知的障害の原因

　DSM-5 において約 1 % の出現率とされている知的障害の原因については,生理的要因,病理的要因,心理社会的要因の大きく 3 つに整理することができる。これらのうち,生理的要因による知的障害とは,背景に特別な病理機制をもたずに生じる機能上の制約であり,心理社会的要因による知的障害とは,著しい環境剥奪などにより,幼少期に十分な文化的刺激を得ることができなかった,あるいは学習経験の機会が乏しかったことにより引き起こされるものである。

　知的障害を引き起こしうる病理的要因はきわめて多様であり,ここではいくつか代表的なものについて紹介する(病理機制の詳細については,他書を参照いただきたい)。

　染色体異常:常染色体,性染色体の数,または構造の異常より生じるものである。数の異常によるものとしてはダウン症があり,そのほとんどが 21 トリソミー(減数分裂の際に 21 番染色体の不分離が生じ,この配偶子が受精したことにより 21 番染色体が 1 つ多い状態となっている)である。ダウン症にはわずかながら,他のタイプとして,転座型(21 番染色体が他の染色体に付着している状態)とモザイク型(正常の細胞と 21 トリソミー細胞が混在している状態)がある。この他,染色体の数の異常によるものとしては,18 トリソミー,13 トリソミー,ターナー症候群(X 染色体のモノソミーで表現型は女性),クラインフェルター症候群(XXY の性染色体をもつ)などがある。

　染色体の構造の異常によるものとしては,ウィリアムズ症候群(第 7 番染色体の微細欠失),アンジェルマン症候群(15 番染色体の特定部分の機能喪失),プラダー・ウィリー症候群(15 番染色体の特定部分の機能喪失)などがあり,それぞれ特異な認知・行動特性を示すことが知られている。

　先天性代謝異常:代表的なものとして,アミノ酸代謝異常の一つでありフェニ

ールアラニンの代謝異常であるフェニールケトン尿症がある。生後すぐに発見し，食餌制限をすることにより，影響を防ぐことができる。

　以上のほかにも，出生前の要因として，神経皮膚症候群であるスタージ・ウェーバー症候群，結節性硬化症などがあり，周産期および出生後の要因として，酸素欠乏や脳内出血などによる脳損傷，脳炎や髄膜炎などの感染症，レノックス・ガストー症候群，ウエスト症候群などの難治性てんかん，中毒性の神経疾患などがある。

◆学習チェック表
□　知的障害に関連する法令について理解した。
□　知的障害の定義について理解した。
□　知的障害を機能状態として捉えることについて理解した。
□　知的障害の心理社会的要因，生理・病理的要因の多様性について理解した。

より深めるための推薦図書

American Association on Intellectual and Developmental Disabilities (AAIDD) (2010) *Intellectual Disabilities: Definition, Classification, and Systems of Supports, 11th Ed.* AAIDD.（太田俊己・金子健・原仁・湯汲英史・沼田千妤子訳（2012）知的障害：定義，分類および支援体系　第 11 版．日本発達障害者福祉連盟．）

本田秀夫（2013）子どもから大人への発達精神医学―自閉症スペクトラム・ADHD・知的障害の基礎と実践．金剛出版．

小池敏英・北島善夫（2001）知的障害の心理学―発達支援からの理解．北大路書房．

文　　　献

American Association on Mental Retardation (AAMR) (1992) *Mental Retardation: Definition, Classification, and Systems of Supports, 9th Ed.* AAMR.（茂木俊彦訳（1999）精神遅滞 第9版―定義・分類・サポートシステム．学苑社．）

American Association on Intellectual and Developmental Disabilities (AAIDD) (2010) *Intellectual Disabilities: Definition, Classification, and Systems of Supports, 11th Ed.* AAIDD.（太田俊己・金子健・原仁・湯汲英史・沼田千妤子訳（2012）知的障害：定義，分類および支援体系　第 11 版．日本発達障害者福祉連盟．）

American Psychiatric Association (2013) *Diagnostic and Statistical Manual of Mental Disorders 5th Ed.* APA.（高橋三郎・大野裕監訳（2014）DSM-5：精神疾患の診断・統計マニュアル．医学書院．）

精神障害の概要

鷲塚伸介

☞ *Keywords* 精神障害，アセスメント，従来診断，ICD-10（国際疾病分類），DSM-5（精神疾患の診断・統計マニュアル），精神機能，精神症状

▊ I なぜ心理師に精神障害の知識が必要なのか

　公認心理師になろうとするものに，なぜ精神医学を主とした医学の知識が求められるのであろうか。答えは簡単である。心の変調をきたす原因は，ストレスや自身の性格，あるいは発達特性によるものばかりではないということである。たとえ明らかなストレス因や苦悩がクライエントから語られたとしても，そしてそれが十分了解可能な内容であったとしても，そのクライエントが医学的な治療により改善しうる精神疾患に罹患していることは決して少なくないことに注意しなければならない。

　統合失調症や双極性障害という病気に対して，薬物療法を全く施行せずにカウンセリングだけで改善を期待することは困難である。しかし，心理師の前に現れるクライエントは「精神疾患と気づかれていない」者も珍しいことではない。診断のついていない統合失調症前駆期あるいは初期の患者を見極めて精神科医に紹介することも，心理師の重要な仕事なのである。ところが統合失調症の症状を知識としては知っていても，これらの患者が初めて心理面接の場に現れたとき，教科書の記述どおりの幻覚や妄想内容を語ってくれる者はほとんどいない。本人の語りに耳を傾けながら，表情や口調，身だしなみなどにも注意を向け，それら表出から統合失調症という病気の可能性を心理師が思いつき，それに沿った質問を重ねていかないと，典型的な症状などとうてい聞き出すことはできないと思うべきである。

　さらにいうならば，精神障害ではなく，身体の病気で精神症状が出現している場合も頻度は高くないがありうることにも注意すべきである。考えられる例をあ

げよう。「授業中ぼーっとしていて集中できない」ことからスクールカウンセラー（SC）に紹介された児童。SC が面談を行ったところ，最初こそ SC に正対するものの，話が続くうちに視線があらぬところをさまよい，何度も声掛けしてやっと注意を向け直すということが観察された。SC は自閉スペクトラム症を疑い，診断確定目的に児童精神科に紹介したが，実は「てんかん」に罹患しており，ごく短時間の意識喪失発作を起こしていたことが明らかになった。抗てんかん薬の服用でこの児童は授業に集中してのぞめるようになった。もう一つ例をあげる。些細なことから友人と激しい言い争いとなり，普段は大人しい学生の興奮がいつまでたっても収まらないことから，大学の心理相談室に連れてこられたケースが，その後の病院での検査で「脳炎」と診断され，緊急入院となった。

　このように，心理師の前に現れるクライエントが，心理的問題ばかりでなく，精神または身体の病気のために心身の不調をきたしている可能性を常に念頭におくことが大切で，そのために「精神医学」はもちろん，「医学」の知識を学ぶ必要があることを十分に認識してほしい。

Ⅱ　精神障害の概要——精神疾患の分類と診断基準を基に

1．従来診断とそれに基づいたアセスメント

　最初に精神疾患の診断とはどのように行われているのかを述べる。一般的に初学者が陥りやすい点として，苦悩の原因となりうる心理的要因や本人の性格も含めた特性にのみ重きをおいて話を聞きがちなことがあげられる。この面接の仕方に何ら違和感を覚えない者もいるかもしれないが，これが許されるのはあくまで精神的身体的な疾患が否定されたときにはじめて行えるべきものなのである。このことは「傾聴を心掛けよ」「患者との距離感に問題がないか意識しなさい」「転移逆転移の問題に注意を払いなさい」といった，話の聞き方の基本と何ら矛盾するものではない。

　前項で述べたように，見落としてはならない疾患を頭におき，それらが「疑わしくない」かどうかを，心理師はまず判別しなくてはならない。その観点からすると精神疾患を原因別に以下の3群に分けて，この順番にアセスメントを行っていくのがわかりやすい。

①外因性障害

　脳を含めた身体疾患が原因となって精神症状を呈しており，病気であることを

見落とすことがときに身体的あるいは社会的生命を失うことになるかもしれない疾患。代表的なものは脳炎，中毒，代謝性疾患，内分泌疾患，神経変性疾患，認知症などがあげられる。

②内因性障害

　個体における何らかの素質や遺伝的背景が発病に関与していると考えられるが，いまだ明確な病因は不明であり，医学的治療が有効でその治療が行われないと症状の緩和や軽減がはかれず，社会的生命を失いかねない疾患。具体的には統合失調症，双極性障害，うつ病といった代表的精神疾患がここに該当する。予後の重症度を考えた場合，これら代表的疾患の鑑別の順番もこの通りにすることが望ましいと思う。

③心因性障害

　ストレスを含めた心理的要因，およびそれに対する個人の反応性などに起因すると考えられる精神疾患。ここには，従来「神経症」と呼ばれた一群の疾患などが該当する。

　相談に訪れたクライアントに対し，このアセスメントの順序を頭に入れておき，それを意識した面接が行われれば，身体因に基づく精神疾患を見落とす可能性を小さくできるだろう。精神科で「従来診断」と呼ばれる場合，前記①「外因性障害」，②「内因性障害」，③「心因性障害」に加えて，パーソナリティ障害，知的障害と発達障害を含めることで，医学的治療あるいは介入が必要とされる疾患はほぼ網羅されることになる。

　近年，国際的な操作的診断基準であるICDやDSM（後述）が臨床の現場で汎用されるようになり，公認心理師を目指す者も学部教育の段階からこれらには馴染んでいるものと思われるが，網羅的であり初学者で臨床経験のない者には何を重要と見るべきか戸惑う者も多いのではないだろうか。その点，本章で述べた外因性，内因性，心因性の分類の仕方は簡便で臨床現場でも使いやすく，この考え方は知っていたほうが良い。これは，現在の精神科臨床の現場でもしっかりと根付いており，例えば，わが国の医学生が使用する精神医学の教科書でも，日常診療に使用されている診断分類として，前述した3分類に近いものが提示されている（表1）。

表1　精神障害の従来診断による分類（『現代臨床精神医学 改訂第 12 版』2013 より）

Ⅰ　症状性を含む器質性精神障害 　1．器質精神病：アルツハイマー病（早発性　晩発性），ピック病，脳血管性障害，脳の炎症性疾患（進行麻痺など），脳腫瘍，中枢神経変性疾患，頭部外傷 　2．症状精神病 　3．てんかん 　4．アルコール関連精神障害，精神作用物質使用による精神・行動障害（薬物依存）
Ⅱ　統合失調症，妄想性障害と気分障害 　1．統合失調症 　2．妄想性障害 　3．気分障害
Ⅲ　神経症性障害・ストレス関連障害・身体表現性障害 　1．神経症性障害 　2．身体表現性障害 　3．摂食障害 　4．睡眠障害 　5．性関連障害
Ⅳ　人格障害
Ⅴ　児童・青年期の精神障害 　1．精神遅滞（知的障害） 　2．発達障害，行動および情緒の障害，その他

2．操作的診断基準

　従来，「心因性障害」とされてきた一群に括られる精神疾患について，生物学的原因の関与を示す証拠が近年の研究により次々と明らかとなった。そして，これらに対して薬物療法が一定の効果を示すことが実証されてきた。こういった研究成果により，「心因性障害」に分類されていた疾患についても，身体因に基盤をもつ疾患とみなされるようになってきた。最新の分子生物学的研究の進歩は，外因・内因・心因の区別を極めて曖昧にしてきており，従来のような精神障害の3分法のあり方が問題にされるようになってきた。

　また，各精神疾患の定義がその提唱者によって異なることもあって，疾患概念が明確に定まっていないものも従来は少なくなく，たとえば同じ病態を見ても医師によって診断名が異なることも珍しいことではなかった。そのため医療者間の情報伝達に混乱が生じるばかりか，精神医学研究の妥当性にも疑義が生じることは必然のことであった。このような事態が続くなかで，従来の診断分類の妥当性が問われるようになった。そこで「従来診断」に代わり，国際的に標準化された

基準を作成する機運が醸成され，登場してきたのが「操作的診断基準」とよばれるものである。現在，主に使用されているものは，世界保健機関（World Health Organization; WHO）が作成した国際疾病分類（International Classification of Diseases; ICD）と，アメリカ精神医学会による精神疾患の診断・統計マニュアル（Diagnostic and Statistical Manual of Mental Disorders; DSM）の 2 つである。これらは改訂を繰り返され，2018 年 6 月には ICD-11 が公表された。今後，関係学会の協力のもと用語の邦訳が行なわれるなど，わが国での適用に向けた準備が進められているが，公式に国内適用されるのは 2019 年 5 月の WHO 総会で承認されてから 1 ～ 2 年先になる見込みであり，本稿では 1992 年に採用された ICD-10 について説明する。また，DSM に関しては 2013 年に公表された DSM-5 について論じる。

① ICD-10

ICD はあらゆる疾患が網羅されており，そのなかで精神疾患については第 5 章「精神及び行動の障害」に記載されている。ICD-10 において，前述したような定義の曖昧性のために「心因性」という言葉がなくなった。また，精神疾患の多くは，症候と経過のみしか明らかでなく，病因や転帰，病理所見などが不明なことから，そもそも「疾患単位」としての定義を厳密には満たしていないことや，「疾患」とするには疑問が残るが何らかの臨床的配慮が必要になるものまでを網羅したため，「疾患」ではなく「障害」という言葉を採用している。記載された疾患すべてにコードがつけられており，精神疾患は F0 から F9 までの 10 のカテゴリーに大別される。表 2 に ICD-10 の大項目を示す。ICD は，その出自が国際統計協会によって作成された国際疾病傷害死因分類ということもあってか，疾病統計では ICD-10 による分類が採用されているし，公的書類に記載される診断名も ICD-10 のコードを併記することがほとんどである。

いずれ運用される ICD-11 においては，精神障害は第 6 章「精神・行動・神経発達の疾患（仮訳）」として記述され，「睡眠・覚醒障害」と「性の健康に関する状態」は独立した章となり，さらに日本精神神経学会では disorder を「症」と訳す方針を打ち出すなど，病名呼称の邦訳も変わる見込みである。このように ICD-10 との変更点があるため，公認心理師を目指す者はその動向にも注意してほしい。

② DSM-5

DSM の最大の特徴は，病因を基に分類されていた従来の精神疾患を，横断面で

表2　国際疾病分類（ICD-10）の分類【F 精神および行動の障害】

F0	症状性を含む器質性精神障害
F1	精神作用物質使用による精神および行動の障害
F2	統合失調症，統合失調症型障害および妄想性障害
F3	気分（感情）障害
F4	神経症性障害，ストレス関連障害および身体表現性障害
F5	生理的障害および身体的要因に関連した行動症候群
F6	成人のパーソナリティおよび行動の障害
F7	精神遅滞（知的障害）
F8	心理的発達の障害
F9	小児期および青年期に通常発症する行動および情緒の障害

表3　DSM-5 による分類

1.	神経発達症群／神経発達障害群
2.	統合失調症スペクトラム障害および他の精神病性障害群
3.	双極性障害および関連障害群
4.	抑うつ障害群
5.	不安症群／不安障害群
6.	強迫症および関連症群／強迫性障害および関連障害群
7.	心的外傷およびストレス因関連障害群
8.	解離症群／解離性障害群
9.	身体症状症および関連症群
10.	食行動障害および摂食障害群
11.	排泄症群
12.	睡眠－覚醒障害群
13.	性機能不全群
14.	性別違和
15.	秩序破壊的・衝動制御・素行症群
16.	物質関連障害および嗜癖性障害群
17.	神経認知障害群
18.	パーソナリティ障害群
19.	パラフィリア障害群
20.	他の精神疾患群
21.	医薬品誘発性運動症群および他の医薬品有害作用
22.	臨床的関与の対象となることのある他の状態

捉えられる症状のみに注目して分類し直したことであろう。最新の DSM-5 では近年の生物学的研究の知見を取り入れて，それまで当たり前のように記載されていた統合失調症の下位分類を廃止し，双極性障害とうつ病を切り離して気分障害という言葉が消え，自閉症スペクトラム障害と注意欠如・多動性障害の併存診断が可能になるなどの変更が行われた。表3に DSM-5 による分類を示す。ICD-10 は DSM との整合性をとるために操作的診断基準に移行していったという背景から，

まだ従来診断の名残を残しているのに対し，DSM-III 以降では端的にいえば，ある疾患について典型的とされる症状を羅列して，そのうちの何項目が該当すれば診断を確定してよい，というものになった。これによって精神科臨床における診断の客観性が担保され，治療者によって診断名が異なるということはなくなること，すなわち診断の信頼性の向上が期待された。確かに，精神疾患の研究においては，DSM で診断されたものを対象とすることがほぼ前提とされているため，研究者間の意思疎通はスムーズにとれるようになったと思われる。近年発表された臨床精神医学研究のほとんどは，その診断を DSM に基づいてつけている。しかし，「精神症状」はどの医師が見ても同じように把握できるかどうかといわれれば，これは臨床経験や受けたトレーニングの軽重によって差異が生じることが当然である。また，病因，環境，経過，転帰など縦断面で見た視点が欠けがちになることも否めない。さらに，ICD-10 でも触れたことだが，臨床的関与の対象となる状態を幅広く取り入れたために，一部は医学的治療が必要なのか疑問に思われるものまで「障害」として括ったことへの批判もある。

　以上から，公認心理師は従来診断と操作的診断基準の長所と短所を十分理解したうえで，患者にとってどのような診断法に基づく対応が最も望ましいか，他部門との連携にとってどのような情報発信が有用か，あるいは研究論文の検索やその解釈でどの診断基準を用いるかなど，自身の業務に応じて柔軟に使い分けることが必要であろう。

III　精神状態の把握

1．精神機能とその障害の基礎的理解

　前項で，精神疾患の分類や診断基準について概説した。しかし，これらの知識を活用するためには，まず，精神症状を的確に把握していなければならない。それによって初めて診断基準に照らし合わせることもできるのである。それでは，精神症状とは何だろうか。原田（2008）は「変化した精神機能が表す現象」と定義している。したがって，まずは精神機能を我々は十分に理解しておく必要がある。以下にさまざまな精神機能と，その各機能が障害されたときの概要を説明する。

①意識

外界のものや自己の状態を認識する機能を意識とよび，この障害は量的意識障害と質的意識障害に分けられる。

　量的意識障害を「意識混濁」とよぶ。これは意識の明るさの障害で清明性，覚醒性の低下と定義される。これは，軽度の意識混濁で見当識は保たれるが，注意が持続せず思考もまとまりを欠く「昏蒙」，呼びかけには断片的に応答するが，放置するとすぐに入眠する「傾眠」，昏睡に移行する前後に見られる中等度意識混濁で，閉眼し動きも少なく強い刺激にようやく反応する「昏眠」，重度の意識混濁で，一般に自発動作や精神活動が失われ，尿便失禁を伴い筋は弛緩し刺激にも反応しない「昏睡」に分けられる。

　これに対して質的意識障害は「意識変容」とよばれ，比較的軽い意識混濁に多彩な精神刺激症状の加わった複雑な意識障害のことを指す。これには，思考の散乱と困惑を前景とし，患者は考えがまとまらないことに自らとまどい，同じ問答を繰り返す「アメンチア」や，軽度ないし中等度の動揺する意識混濁に活発な妄覚，強い不安，不穏，興奮を伴い，鮮明な場面性の強い幻視が次々に表れては消え，患者は夢と現実との区別がつかなくなり事実を妄想的に曲解する「せん妄」が含まれる。せん妄から回復すると健忘を残す。さらに，ある程度の意識混濁を背景に，見当識や記憶があやしくなり，思路が乱れ，話にまとまりを欠いた状態である「錯乱」がある。

②知覚

　感覚器を通じて，外界に存在するものを意識することで，単なる感覚とは異なり，外界に実在するものの意味までを認識する機能である。知覚の障害には，対象を誤って知覚することで，一般に鮮明度が低く臨床的には錯視，錯聴が多い「錯覚」，不完全な感覚材料から明瞭な錯覚像が作り出される「パレイドリア」，幻覚（感覚器に刺激が与えられていないのに知覚を生じたり，外界にないものを知覚する病的体験などが含まれる）がある。幻覚には，幻聴，幻視，幻味，幻臭，幻触，体感幻覚などがある。

③記憶

　過去の情報を保持し，必要に応じてその利用を可能にする精神機能である。対象を心に刻みつける「記銘」，これを維持する「保持」，それを意識の上へ呼び出す「追想」，追想されたものが記銘されたものと同一であることを確認する「再認」がある。記銘の障害は認知症で認められる。一定の出来事，もしくはある一

定期間の記憶を追想できないことを「健忘」とよぶ。①で説明した意識障害下では記憶が障害されているが，意識障害の原因となった事象の前に遡って追想ができない場合「逆行性健忘」，意識障害から回復した後も記憶の障害が残る場合を「前向性健忘」という。

④思考

　ある目的に向かってそれに関連した概念をさまざまに想い浮かべて必要なものをつなぎ，これに過去の経験や現時点の判断や推理も織り交ぜて分析や解決をしていく一連の機能である。この障害は，思考形式の異常（思考の流れ：「思路」の異常と，思考の体験様式の異常）および，思考内容の異常に大別される。

　思考形式の異常には，観念が次々と溢れるように出現し一定の方向付けがなく思考が常に逸れていく「観念奔逸」，思考が渋滞し，決定ができない「思考制止」，思考の進行が突然中途で止まってしまう「思考途絶」，相互に関連しない観念が結びつき，話のまとまりが悪い「連合弛緩」がある。連合弛緩がさらに重篤となると「思考滅裂」となり，単語の羅列にまで至るときに「言葉のサラダ」とよぶ。

　一方，思考内容の異常として代表的なものが「妄想」である。これは，病的に発生する誤った不合理な考えで，誤りを指摘されても訂正することができない。妄想には，何かただならぬことが起こっているという不気味な気分に襲われる「妄想気分」，ふと知覚したものに対し，自分に重大な関係がある意味を認識する「妄想知覚」，突然何の脈絡もなく誤った観念が浮かび，それを確信する「妄想着想」などがある。また，妄想はその内容によっても分類される。自己に不利益な妄想で，統合失調症に多くみられる被害妄想，被毒妄想，関係妄想，迫害妄想。自己を極度に過小評価する妄想で，重症うつ病にみられる心気妄想，貧困妄想，罪業妄想。そして，これとは逆に自己を過大評価する妄想で，双極性障害の躁状態でみられる誇大妄想，恋愛妄想，血統妄想，宗教妄想などがある。

⑤意欲

　意思と欲動の総称を指す。意思とは精神的な能動性のことであり，これが障害されると意思が病的に亢進し行動が過剰になって，いわゆる精神病的な激しい興奮状態に陥っている「精神運動興奮」，意思が抑制され精神的にも行動的にも遅滞がみられ，例えば決断困難に陥る「制止」，自発的行動が著しく減少する「無為」，意識障害はないが，ほとんど反応しなくなる「昏迷」などを認める。

　一方，本能的な能動性である欲動が障害されると，食欲や性欲の異常な亢進あ

るいは減退がみられるようになる。

⑥感情

　快不快など自己の状態であり，感覚的に意識された快不快を感覚的感情，自己の内部から意識される快不快を生気感情，知覚されたものの意味付与に伴う快不快を心的感情とよぶ。気分も同様の意味で使われることが多い。

　気分の障害としては，特に誘因なく生じる高揚（爽快）気分や，抑うつ気分がある。前者は楽しく活気に満ち爽快な気分で抑制に欠けた行動を伴うことが多いのに対し，後者は憂うつな気分で，悲しみや苦悩を伴い重度になると喜怒哀楽が失われ無感情となる。思考や行動は抑制される。

　また，感情の興奮性の異常として，外界に対する関心が失われ，刺激があっても感情の表現が少ない状態で，無為を伴うことも多い「感情鈍麻」があげられる。これは慢性期の統合失調症患者にみられるものである。

　感情調節の障害として「感情失禁」がある。これは，軽度の刺激で過度に感情を表出する状態で，些細な刺激で泣いたり，笑ったり，怒ったりするものである。脳器質性疾患で認められる。

　その他の病的感情として，「不安」がある。不安は対象のない，あるいは対象のはっきりとしない漠然とした恐れである。これに対して対象がはっきりしている恐れは「恐怖」である。不安は動悸，めまい，呼吸困難感，振るえなどの自律神経失調症状を伴うことがある。さらに，「両価性」は知っておきたい。これは１つの対象に対して，愛と憎悪が同時に認識されるような場合など，相反する矛盾した感情が同時に存在することが特徴的である。統合失調症の患者にみられることがある。

⑦自我意識

　意識する作用の主体である自我が，意識される客体である自己の存在や体験を意識することを自我意識という。ヤスパース Jaspers, K. は自我意識の４つの指標として，自分自身が行っているという意識を指す「能動性の意識」，自分は一つであるという意識を指す「単一性の意識」，時間の変化のなかでも自分は変わらないという意識である「同一性の意識」，自己と他者・外界が区別される意識を指す「限界性の意識」をあげた。

　自我意識が障害された状態を自我障害という。例えば，精神活動すべてにおいて，自分自身が行っている感じ（自己能動感）が薄れたり，あるいは自分の精神

活動であるという感じ（自己所属感）が薄れると，「離人症」が出現する。能動性意識の障害として，自分の行動が自分自身ではなく他の力に影響されたり，自分以外の何者かによって操られていると感じる意識である「させられ体験」もある。能動性および限界性の意識の障害では，自分の考えが他人に通じてしまう，知られてしまうといった「考想伝播」がある。

　「離人症」は統合失調症のほか，神経症性障害やうつ病でもみられることがあるが，「させられ体験」や「考想伝播」は統合失調症特有の精神症状であり，自我障害は統合失調症の中核症状とされている。

⑧知能

　新しい課題に対して効果的な処理ができる知的能力を指すが，これは状況の的確な認識，分析，判断，学習，環境への適応度など，多くの能力を動員しての総合的な対処機能といえよう。先天的に知能が低い状態にあるものを「精神遅滞」（知的障害）とよび，正常に発達した知能が後天的に障害されたものを「認知症」という。

2．精神症状の把握の仕方

①体験を聴く

　クライエントが体験していること語ってもらい，それを聴くことで，我々はその人の体験内容を理解しようとする。ヤスパースは，患者の主観的事実は患者によって直接体験されるものであるが，我々は患者の自己描写を通じて間接的に知るよりほかない。その人の述べたことを我々の心の中に描き出し，感情移入してわかるしかないという。そういう理解を現象学的了解と彼は名付けた。換言すると，ある人の体験を調べ，類縁の現象と比較して考察し，できるだけ厳密に言語化する学問が現象学であり，その際他者の体験内容を我々が自身の経験，知識，感情と照応して理解する（わかる）ことを，了解するといっていることになる。

②表出を見る

　表情，態度，振る舞い，話し方，行動などを観察する。ここに意識，思考，意欲，感情などの精神機能の障害が現れている。ただしこれらの観察にも，我々治療者の主観的恣意が入り込む可能性があることに注意しなければならない。

③心理検査

表4　異常精神状態の6分類（原田，2008を一部改変）

状態像	それに含まれる症状
抑うつ状態	うつ気分，意欲低下，自責など
不安・緊張状態	不安，緊張，心気性症状，恐怖症など
幻覚妄想状態	幻覚，妄想
興奮状態	精神運動性興奮，躁的興奮，不機嫌状態，憤怒・易怒性など
慢性残遺状態	記憶減退，認知障害，統合失調症性残遺など
せん妄状態	意識障害

　記憶や知能といった精神機能が障害されているか否かを調べる際に，心理検査は欠かせない。内因性や心因性障害についても，質問紙法やロールシャッハ検査に代表される投影法などが有意義な情報を提供してくれることがある。しかし，クライエントの深い理解のためや，診断確定のための一助として用いられることがほとんどで，心理検査だけで精神症状のすべてが把握できると考えてはならないし，その結果だけで診断がつくということもない。

3．精神状態像の把握

　状態像の把握とは，どういうことだろうか。それはすなわち，表出，体験，行動全てが一塊のものとして表現される全体像を理解するということである。把握した精神症状をすべて俎上に載せて，これらがいかなる状態像に近いかを判断することである。精神科医にとっては，これがきちんとなされていないと，正確な診断に結びつかないことになる。疾患診断が確定していなくても，治療を開始しなければならないことが実臨床では珍しいことではなく，その場合，その時点での状態像診断に対して対症的な治療を行っていくことになる。これは，状態像診断がいい加減だと不適切な初期治療につながることを意味し，この面でも状態像の確定は大切なことなのである。状態像は刻々と変化するが，これらいくつかの状態像を包含する疾患を考えて，診断を確定していくことになる。

　さて，心理師にとって状態像を把握する意味は極めて大きい。心理検査を施行中の精神状態像がいかなるものかを理解しておかないと，検査の正確な解釈を誤ることになる。一例をあげれば，抑うつ状態やせん妄状態下で行われた認知機能検査は，その人の正確な認知機能を表しているとはいえない。心理療法施行中に状態像が増悪した場合，心理療法の影響なのか，それとも何らかの精神疾患が顕在発症したのかの判断が求められる。表4に原田（2008）による，状態像とそれ

に含まれる精神症状をまとめたので参考にしてほしい。

◆学習チェック表
□　公認心理師が精神医学を学ぶ意義を理解した。
□　精神医学的アセスメントの方法を理解した。
□　従来診断と操作的診断基準の長所と短所を理解した。
□　人の精神機能を理解し，その変化である精神症状を説明できる。
□　精神症状をどのように把握すべきか理解した。

より深めるための推薦図書
　　土居健郎（1992）方法としての面接―臨床家のために．医学書院．
　　中安信夫（2007）精神科臨床を始める人のために―精神科臨床診断の方法．星和書
　　　　店．

文献（本稿執筆にあたって参考にした文献としてだけでなく，推薦図書としても紹介する）
American Psychiatric Association（2013）*Diagnostic and Statistical Manual of Mental Disorders 5th Ed.* APA.（高橋三郎・大野裕監訳（2014）DSM-5：精神疾患の診断・統計マニュアル．医学書院．）
濱田秀伯（2009）精神症候学　第 2 版．弘文堂．
原田憲一（2008）精神症状の把握と理解．中山書店．
岩波明（2010）やさしい精神医学入門．角川選書．
加藤信勝著，福居顯二・谷直介ら改訂編集（2013）精神医学　第 12 版．金芳堂．
西丸四方・西丸甫夫（2006）精神医学入門．南山堂．
大熊輝雄原著，現代臨床精神医学 第 12 版改訂委員会編集（2013）現代臨床精神医学　改訂第 12 版．金原出版．
World Health Organization（1992）*The ICD-10 Classification of Mental and Behavioral Disorders; Clinical and Diagnostic Guidelines.* WHO.（融道男・中根允文・小見山実監訳（1993）ICD-10：精神および行動の障害―臨床記述と診断ガイドライン．医学書院．）

第5章

発達障害の概要

小林潤一郎

Keywords　発達障害，DSM-5，ICD-11，発達障害者支援法，神経発達症／神経発達障害，自閉スペクトラム症／自閉症スペクトラム障害，注意欠如・多動症／注意欠如・多動性障害，限局性学習症／限局性学習障害，心の健康問題のハイリスク要因

■　I　はじめに

　今，社会のさまざまな場面で発達障害が注目されている。その注目度は著しく高く，その広がりは急速である。「落ち着きがない」「忘れ物が多い」「読み書きが苦手」「些細なことでけんかになる」「友達付き合いが苦手」など，誰にでも生じ得る行動，学習，情緒，対人関係の問題の背景に発達障害が存在する可能性が指摘されている。

　こうした問題は，子どもから大人まで多くの年代で生じ，子育て，教育，福祉，労働，矯正など多くの分野に関係している。ごく普通の子どものはずなのに，同じ年代の子どもが当り前にできることがなかなかできるようにならない。周囲からどうしてできないのかと批判にさらされて本人の情緒は不安定になり，学校生活に適応できなくなる。そして学習や友達関係から脱落し，心の健康状態が悪化する。保護者は叱咤激励して何とかできるようにさせようと躍起になるが，本人はできない自分に繰り返し直面させられ，社会参加の意欲すら失ってしまう。このような状況で苦しんでいる発達障害の子どもや大人が実にたくさんいて，支援を必要としている。

　発達障害の可能性がある子どもは，全国の小中学校の通常の学級におよそ15人に1人（6.5%）の割合で在籍しており，小学校1年生に限れば，その数はおよそ10人に1人（9.8%）にのぼる（文部科学省，2012）。医療機関を対象にした調査でも，発達障害（後述する神経発達症／神経発達障害に相当する）の小学3年生までの発生率は5.1〜9.4%と報告されている（本田，2016）。今や発達障

害は子どもによく見られる疾患の一つとなり，加えて，成人後に社会生活が破綻して診断される，いわゆる「大人の発達障害」も注目されている。

Ⅱ　発達障害の概念

1．発達とは

　人は成長とともに，さまざまな心身の機能を身に付けていく。子どもはいつの間にか，首が座り，お座りをし，立ち上がり，歩けるようになる。当たり前のように，あやすと笑うようになり，バイバイをし，指さしをし，言葉を話し始める。こうした子どもの変化は，生物学的には脳の中に神経ネットワークが構築され，脳の機能が成熟することを示しているが，なぜそのように成熟するのか本当のところはよくわかっていない。しかし，人には生まれながらにして，こうした脳の機能を自ら伸ばしていく力が備わっている。この力が発揮され，脳の機能が高まり成熟していく過程が発達である。

　一般に乳児期には運動機能が中心に発達し，幼児期以降に精神機能が発達する。精神機能の発達を精神発達と呼び，領域として知的機能，行動コントロール，学習能力，社会性の発達などが知られている。全ての領域がバランス良く発達する子どももいれば，一部の領域がなかなか発達しない子どももいる。また領域によって発達が進みやすい年齢層もある。加えて精神発達には学習の機会や経験が大きく関与する。子どもが持つ脳の機能を伸ばす力は，適切な時期に十分な学習機会を得て最大限に引き出される。けれども学習機会を多く与えれば，その子どもが持つ力を越えて発達が進むというわけではない。一方で学習機会が全く与えられなければ，子どもの力は引き出されず発達も進まない。

2．発達障害とは

　2005年に施行された発達障害者支援法で，発達障害は「自閉症，アスペルガー症候群その他の広汎性発達障害，学習障害，注意欠陥多動性障害その他これに類する脳機能の障害であってその症状が通常低年齢で発現するもの」と定められた。「その他これに類する脳機能障害」は，言語の障害，協調運動の障害，それ以外のICD-10における心理的発達の障害，小児期および青年期に通常発症する行動及び情緒の障害を指し，てんかんなどの中枢神経系の疾患，脳外傷や脳血管障害の後遺症がこれらの障害を伴う場合も同法の対象に含まれる（文部科学省・厚生労働省，2005）。わが国において発達障害とは，知的機能の発達を除いた精神

発達の障害を指し，知的障害は含まない。

　医学的には精神発達にかかわる脳の機能障害を神経発達症／神経発達障害と呼ぶ。発達障害者支援法に定められた自閉症などの各疾患は，1952 年にアメリカ精神医学会が発行した『精神障害の診断・統計マニュアル（DSM；Diagnostic and Statistical Manual of Mental Disorders）』第 1 版以来，さまざまな形で分類されてきた。変遷を経て 2013 年の同第 5 版（DSM-5；American Psychiatric Association, 2013）で初めて，精神発達に関する各疾患が神経発達症群／神経発達障害群（Neurodevelopmental Disorders）という 1 つの大きなカテゴリーにまとめられた（神尾，2014）。このカテゴリーに 8 つの疾患群が分類され，知的障害（知的能力障害群）も含まれる。なお英語の Disorder はこれまで「障害」と訳されてきたが，「症」という用語の使用を推奨する意見もあり，両者が併記されている。

　一方，世界保健機関（WHO）の『国際疾病分類（正式には『疾病及び関連保健問題の国際統計分類』）第 10 版（ICD-10；International Statistical Classification of Diseases and Related Health Problems 10th Revision）』では，知的障害，心理的発達の障害，小児期及び青年期に通常発症する行動及び情緒の障害のカテゴリーに，精神発達に関する各疾患が分類されている。2018 年 6 月に公表され，2022 年から各国で使用開始予定の同第 11 版（ICD-11）では，神経発達症／神経発達障害のカテゴリーが設けられ，チック症群／障害群を除き，おおむね DSM-5 と同じ疾患群が分類されている（WHO, 2018；表 1）。

　発達障害は，標準的な育ちの環境にありながら，成長とともに自然に伸びてくるはずの脳の精神機能がなかなか伸びてこず，現在または将来の日常生活・社会生活に困難を生じるものである。精神発達に関する疾患カテゴリーとしては，知的障害を他の精神発達の障害と区別する必要はない。しかしわが国では，知的障害者を対象にした支援制度とは別に発達障害者を対象にした制度が整備され，前述の通り，知的障害を伴わない精神発達の障害を発達障害としている。

3．発達障害の分かりにくさ

　発達障害と診断される人の数は多いが，その人に発達障害があることはなかなか理解されない。一般に「障害がある」という状態は「普通」からかけ離れた特別な状態であり，「障害がある人」は日常生活の多くの場面で自分ではできないことがあって，介助などの直接的な支援を必要としていると理解される。そして「普通の人」は障害のない人であり，日常生活に必要なことは自分ででき，支援を必要としないと理解される。このような捉え方をすると発達障害の人はおよそ

表 1　神経発達症群／神経発達障害群に分類される疾患

DSM-5	ICD-11
知的能力症群／知的能力障害群	知的発達症群／知的発達障害群
コミュニケーション症群／コミュニケーション障害群	発達性会話および言語症群／発達性会話および言語障害群
自閉スペクトラム症／自閉スペクトラム障害	自閉スペクトラム症／自閉症スペクトラム障害
注意欠如・多動症／注意欠如・多動性障害	注意欠如多動症／注意欠如多動性障害
限局性学習症／限局性学習障害	発達性学習症／発達性学習障害
運動症群／運動障害群	発達性協調運動症／発達性協調運動障害 常同運動症／常同運動障害
チック症群／チック障害群	
他の神経発達症群／神経発達障害群	
	他の特定される神経発達症群／神経発達障害群
	特定不能の神経発達症群／神経発達障害群

なお ICD-11 の疾患名は筆者が邦訳したものである。

「障害がある人」には見えない。

　1980 年に世界保健機関が発表した国際障害分類（ICIDH；International Classification of Impairments, Disabilities and Handicaps）では、障害を機能障害，能力障害，社会的不利の 3 つの側面で捉えることが示され、障害の 3 つのレベル（生物レベル，個人レベル，社会レベル）が明らかにされた（上田，2002）。さらに 2001 年に発表された国際生活機能分類（ICF；International Classification of Functioning, Disability and Health）では、「障害がある」という状態を心身の機能と構造，日常生活，社会参加のそれぞれに制限や制約を生じている状態として捉えることが示された。発達障害という疾患は脳の機能障害であり、脳の機能に制限が生じた状態と言える。医師は発達障害という脳の機能障害があるという意味で「障害がある」と診断するが、本人，家族，関係者は日常生活や社会参加は「普通」にできている（あるいはできていた）のに「障害がある」といわれてしばしば戸惑う。

　発達障害の人の日常生活や社会参加がどの程度制約されるかは、合併症の有無など個人の健康状態と、法整備，施設設備などの環境要因や年齢などの個人要因からなる社会的文脈に左右される。他の機能障害の場合もそうだが、発達障害という脳の機能障害を持っていても、健康状態を良好に保ち自分にあった環境の中で「普通」に生活している人はたくさんいる。この場合、本人ができないことを

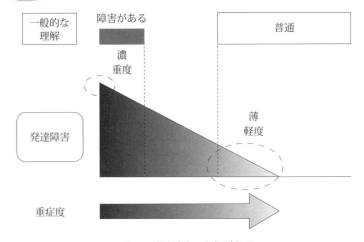

図1　発達障害にも幅がある

支援者が代わりに行うといった直接的支援より，本人ができないことを自分でカバーするための配慮や補助ツールの使用，それを可能にする体制作りなどの支援が行われる。こうした支援はその人に発達障害があることを踏まえて行われるが，特徴的な個人への現実的な対応として関係者がごく自然に行っている場合もある。それで上手くいっていれば，誰もその人に発達障害があるとは思わない。

　さらにどの疾患もそうであるように，発達障害という疾患にも軽度のものから重度のものまで幅があり，重度のものより軽度のものがはるかに多い（図1）。発達障害では精神機能の一部の領域が発達しにくいが，他の領域は標準的に発達する。このため発達障害の人には，あることは普通にできるのに別のあることは全くできないという状態が生じやすい。努力を要するはずの学業はできるのに，誰でもできるはずの集団行動ができないという場合には，本人の意欲やしつけの問題であると誤解されやすい。このような誤解は発達障害の症状が比較的顕著な場合にも生じる。軽度の場合は，できることとできないことの差が不明瞭になり，さらに誤解を生じやすい。

　発達障害は脳の機能障害であり，その人に発達障害があることはなくならない。しかし，社会の支援によってその人の日常生活の制限や社会生活の制約は軽減されうる。このことは逆に，十分で適切な支援がなければ，彼らの日常生活の活動度は低下し，社会参加の度合いが狭まるということでもある。2016年に改正された発達障害者支援法では，発達障害者の定義が「発達障害がある者であって，発達障害及び社会的障壁により日常生活または社会生活に制限を受けるもの」に修

正され，社会的障壁により日常生活や社会生活に制限を受けている点が追加された（日詰，2018）。他の障害以上に，周囲の理解と配慮が発達障害の人の日常生活や社会生活の状態を大きく左右する。

III　主な発達障害

1．自閉スペクトラム症／自閉症スペクトラム障害（Autism Spectrum Disorder; ASD）

　ASD は社会性の発達障害であり，人とつながる力が育ちにくい。以前は広汎性発達障害（Pervasive Developmental Disorders; PDD）と呼ばれ，大きく自閉症とアスペルガー症候群の２つのタイプから成っていた。DSM-5, ICD-11 では，両者を分けず，症状の濃淡はあってもひとまとまりのもの（スペクトラム）として捉えるように変更された。

　ASD の基本症状は，①社会的相互交渉，②コミュニケーション，③想像力の３つの機能障害が組み合わさった「障害の三つ組」（Wing & Gould, 1979; Wing, 1996）により説明されてきた（高橋，2014）。

①社会的相互交渉の障害

　他者との関係に関心を払い，相手の意図や場の状況を理解して折り合うことに困難がある。全く相手に無関心で働きかけに応じないという人もいれば，一方的に自分の考えを押し通そうとする人もいる。逆に相手の考えに従ってばかりという場合もある。いずれも他者との間に人間関係を築くことが難しく途切れやすい。一般的に人は場所と時間を他者と共有すると，自然にその場（クラスや部活動など）に対して所属感を感じるようになる。そして一緒に活動するなかで仲間意識が芽生え，さらにそこから友人関係が発展する。友人関係が築けているかは，単に遊び相手がいるかではなく，相手との間に友達という人間関係が存在しているかどうかで判断することが大切である。ASD の人はこうした他者との関係や距離感になかなか気付くことができない。

②コミュニケーションの障害

　自分の言いたいことを相手に伝えたり，相手の言いたいことを受け取ったりすることに困難がある。他者とのコミュニケーションでは，単に言葉が話せるかどうかではなく，相手に伝わったかどうかをモニターして，伝わっていなければ別

の言い方で伝えることや，クラス全体に伝えられた内容を自分のこととして聞き取ることが大切である。しかしこれがなかなか難しく，言ったから伝わっているはずだとか，関係ないと思って聞いていなかったなどとなりがちである。またかつての自閉症に相当するタイプでは話し言葉の発達が遅れる。知的障害を伴わない場合（このタイプを高機能自閉症と呼ぶ）では，3歳以降に話し言葉が増えてくるが，伝える力や受け取る力は育ちにくい。

③想像力の障害

　何も思い描けないわけではなく，相手の意図，場の雰囲気，暗黙のルールなど確かに存在するものの形のないものを捉えることに困難がある。物の見え方，捉え方が異なり，物事への興味・関心の幅は狭い。おもしろいと思うツボも独特で，それが顕著なほどこだわりが強いと評される。

　DSM-5 では，①と②を厳密に区別することは難しいとして両者を統合し，社会的コミュニケーションの障害としている（桑原ら，2014）。また感覚刺激に対する過敏さや鈍感さが新たに診断基準に加えられた。聴覚過敏があると，特定の音やざわざわした人混みを嫌がり，しばしば自ら耳を塞ぐ。触覚過敏は衣服の肌触りや靴の履き心地に影響し，着られる衣服や履ける靴が限られる。味覚過敏や嗅覚過敏により偏食を生じる。一方，触覚や嗅覚の鈍感さがあると，歯磨きや洗顔，洗髪をしなくても気にならない。こうした感覚の過敏さと鈍感さは，社会的場面への参加や常識的な生活習慣の獲得を困難にする。

　ところで 1980 年代まで自閉症は稀な疾患であり，その多くは知的障害を伴うとされていた。しかし，1990 年代半ばから知的障害を伴わない場合も少なくないことが知られるようになり，かなり数が多いことが明らかになった。アメリカでは 2014 年時点で 8 歳児の 59 人に 1 人（1.7％）に ASD を認めることが報告され（Baio et al, 2018），日本でも 2013 年度に横浜市の小学 1 年生の 5.4％，広島市の 5.0％，宮崎市の 6.7％に PDD を認めることが報告されている（本田，2016）。

2．注意欠如・多動症／注意欠如・多動性障害（Attention-Deficit/Hyperactivity Disorder；ADHD）

　ADHD は，行動コントロールの発達障害であり，不注意（注意集中困難），多動，衝動性を基本症状とする。ADHD の人は，今この場でどのように行動すべきか分かっているのに，目先の状況についつい反応してしまい，タイミング良く自

分の行動にブレーキをかけることができない。新しく目にした刺激や強い刺激への反応を抑えられず，後先考えず無鉄砲に行動してしまう。また取りかかった作業を中断できずに突き進んでしまったり，集中を要する場面で気が散ってしまったりする。誰もが状況に応じて自分の行動をコントロールしているが，ADHD の人は，学校でも職場でも状況に関係なくちょうどよく行動をコントロールすることができない。

ADHD の背景として，神経心理学的には実行機能の障害，報酬系の障害，時間処理の障害が想定されている（Sonuga-Barke et al., 2010）。実行機能の障害により，学習した知識や経験の記憶情報を参照しながら活動を進めることが困難である。心の中で言葉をつぶやく力も弱く，自分の行動を振り返ることが難しい。また報酬系の障害により，期待していた報酬の遅れに耐えられず，すぐに手が届く別の報酬を選択しがちである。さらに時間処理の障害により，時間の予測が困難である。こうしたことから ADHD の人は，経験をもとに自らの行動を修正することが難しく，積み重ねが効かない。毎度同じような場面で同じような失敗を繰り返し，まとまりのない行き当たりばったりの行動に終始する。

本人は気を付けようとしても失敗してしまい，「またやってしまった」と落ち込むこともしばしばである。周囲の大人は，不適切な行動を繰り返す子どもを叱責して，正しい行動を身に付けさせようとする。しかし本人は叱責を受けても行動をなかなか修正できない。行動が修正されないと大人は叱責を強める。本人はできないことを叱責され続けるので，「どうせ自分にはできない」と自己評価が低下し，行動コントロールの意欲を失っていく。中にはこのような状況が続いて精神疾患（二次性併存症）を発症する子どももいる。これには不安障害，強迫性障害，適応障害など症状が心の内面に現れる内在化障害と，反抗挑戦性障害，素行障害など症状が外向きに現れる外在化障害が知られている。ADHD そのものより二次性併存症への対応に苦慮することも少なくない。

また ADHD には他の発達障害がしばしば併存（一次性併存症）する。DSM-5 では ASD との併存が認められるようになった。ASD と ADHD が併存すると社会性の学習が積み重なりにくく，状況に合わせた行動コントロールも学びにくい。ただし，行動コントロールが求められる状況に気付けず，結果的に場にそぐわない行動を繰り返して，ADHD のように見える ASD の人もいるので留意したい。不注意，多動，衝動性は，状況によっては誰にでも生じ，他の発達障害や精神疾患でも見られるので，その鑑別と診断は慎重に行う必要がある（ADHD の診断・治療指針に関する研究会，2016）。

3．限局性学習症／限局性学習障害（Specific Learning Disorder; SLD）

SLD は読み書き計算という学習に必要な基本的スキルの発達障害であり，発達障害者支援法の学習障害にあたる。一方，教育用語にも学習障害（LD; Learning Disabilities）があり，「全般的な知的発達に遅れはないが，聞く，話す，読む，書く，計算する又は推論する能力のうち特定のものの習得と使用に著しい困難を示す様々な状態」と定義されている（学習障害及びこれに類似する学習上の困難を有する児童生徒の指導方法に関する調査研究協力者会議，1999）。LD は疾患単位ではなく，SLD とコミュニケーション症群／障害群により，日常生活に制約が生じた状態である。

SLD の中で最も良く知られているのは読みの機能障害であり，文字を読むことの困難（読字困難）と文章読解の困難を生じる。より重要なのは前者であり，文字を音に変換することが困難で，読みが不正確で流暢でない。この背景には音韻認識の障害，視覚認知の障害などが想定されている（稲垣ら，2010，関，2016）。音韻認識とは話し言葉が音という単位からできていることに気付くことであり，文字の読みに先立って発達する。例えば「おかあさん」という言葉を話す場合，はじめはひとまとまりの一つの言葉として認識するが，成長とともにこの言葉が「お」と「か」と「あ」と「さ」と「ん」という音からできていることに気付くようになる。視覚認知は見たものを認識する力であり，文字の形態を正しく捉えるのに重要である。

読字困難を生じる主な病態は，発達性ディスレクシアと呼ばれる。子どもははじめ，文字を一つずつ音に変換して読み，次第に文字のまとまりを単語として認識して流暢に読めるようになる。前者の機能は左側頭頂領域の角回，縁上回が担い，後者は左後側頭領域の紡錘状回が担っているとされる。発達性ディスレクシアではこれらの部位の活動が低下しており（関，2016），スムーズに文字を音に変換できない。このためいつまでも逐次読みが続き流暢に読めるようにならない。読み誤りや読み飛ばしも多く，しばしば単語の区切りを誤る。文字が読めないと書字にも困難を生じることから，発達性読み書き障害とも呼ばれる。

■ Ⅳ　発達障害をどう理解し，どう支援を始めるか

発達障害の多くは，幼稚園・保育所，学校などでの集団生活や教科学習の中で気付かれる。特別支援教育の進展に伴い，学校から紹介される子どもが増えたが，

専門医療機関は限られており，どこも受診待ちの長蛇の列ができている。発達障害の診療を行う医療機関を整備するとともに，およそ1割の子どもに発達障害がみられる時代にあった医療の役割と利用のしかたを検討する必要がある。

　発達障害が極めて軽度の場合，生活状況によって症状が表面化したりしなかったりする。学年が変わった途端，それまで自然に行われていた配慮がなくなって，学校生活の困難が表面化するというケースは決して稀ではない。不適応を生じて初めて，実はその子どもに社会的環境の変化に折り合う力が育っていなかったことに気付く。いわば発達障害の裾野に位置する子どもたちである。しかし，新しい環境になじめないことは誰にでもある。その変化が顕著であればなおさらである。低学年の子どもであれば，学習機会や経験の不足を考慮する必要もある。このため裾野といえども発達障害があるとすることに抵抗を感じる人もいる。けれどもそうして本人の精神発達の特性に目を向けないまま叱咤激励を続けても，その子どもは不適応から立ち直ることができない。不適応の治療を目的に医療機関を紹介されても，タイムリーに受診できるとは限らない。たとえ薬物療法などで症状を緩和することができたとしても，困難を生じた学校環境が改善するわけではない。発達障害を心の健康問題のハイリスク要因と捉え，学校精神保健の視点から不適応を予防する環境づくりを進める必要がある。

　発達障害の人への支援は，その人に発達障害があるからするのではなく，その人が日常生活，社会生活につまずきやすいからするのである。そのつまずきやすさを説明し，支援を後押しするのが診断である。もしも周囲の人が本人のつまずきやすさを理解して適切に支援できるなら，必ずしも診断から始める必要はない。本人が何にどう困っているかを理解することが支援のスタートになる。子どもの場合，今困っていることを解決するためだけでなく，将来困らないように準備することも大切な支援である。すなわち教育である。人とつながる成功経験，自己理解，相談，援助要請，感情コントロールなどの学びが，彼らの豊かな将来を築く。そして社会全体が，クラスや職場に個人が合わせることを求め過ぎず，多様な個人に合わせてクラスや職場の環境を整えていける社会へと成長することが望まれる。

◆学習チェック表
□　発達障害の定義について理解した。
□　神経発達症／神経発達障害に分類される疾患の範囲について理解した。
□　自閉スペクトラム症／自閉症スペクトラム障害がどのような疾患か理解した。

□　注意欠如・多動症／注意欠如・多動性障害がどのような疾患か理解した。
□　限局性学習症／限局性学習障害がどのような疾患か理解した。

より深めるための推薦図書

　本田秀夫（2013）子どもから大人への発達精神医学．金剛出版．
　齊藤万比古・小枝達也・本田秀夫編（2017）知って欲しい　乳幼児から大人までの ADHD・
　　ASD・LD　ライフサイクルに沿った発達障害支援ガイドブック．診断と治療社．
　特異的発達障害の臨床診断と治療指針作成に関する研究チーム編（2010）特異的発
　　達障害 診断・治療のための実践ガイドライン―わかりやすい診断手順と支援の実
　　際．診断と治療社．

　文　　献

ADHD の診断・治療指針に関する研究会（2016）子どもの注意欠如・多動症（ADHD）の診断・
　　治療ガイドライン．In：ADHD の診断・治療指針に関する研究会・齊藤万比古編：注意欠
　　如・多動症― ADHD ―の診断・治療ガイドライン第 4 版．じほう，pp.3-35.
American Psychiatric Association（2013）*Diagnostic and Statistical Manual of Mental Disorders,*
　　5th Edition. American Psychiatric Publishing.（日本語版用語監修 日本精神神経学会，髙橋三
　　郎，大野裕監訳（2014）DSM-5 精神疾患の診断・統計マニュアル．医学書院．）
Baio, J., Wiggins, L., Christensen, D.L. et al.（2018）Prevalence of Autism Spectrum Disorder
　　Among Children Aged 8 Years ― Autism and Developmental Disabilities Monitoring
　　Network, 11 Sites, United States, 2014. *MMWR Surveill Summ,* 67(6); 1-23.
学習障害及びこれに類似する学習上の困難を有する児童生徒の指導方法に関する調査研究協力
　　者会議（1999）学習障害児に対する指導について（報告）．
日詰正文（2018）発達障害者支援法が目指すもの．公衆衛生，82(5); 358-363.
本田秀夫（2016）厚生労働科学研究費補助金障害者対策総合研究事業：発達障害児とその家族
　　に対する地域特性に応じた継続的な支援の実施と評価―平成 27 年度総括・分担研究報告書
　　（H26 －身体・知的―一般― 008）．
稲垣真澄・矢田部清美（2010）特異的読字障害― C 病態．In：特異的発達障害の臨床診断と治
　　療指針作成に関する研究チーム編：特異的発達障害 診断・治療のための実践ガイドライン
　　―わかりやすい診断手順と支援の実際．診断と治療社，pp.26-27.
神尾陽子（2014）発達障害の概念・分類とその歴史的変遷．精神科治療学，29（増刊号）;10-13.
桑原斉・加藤佳代子・佐々木司（2014）DSM-5 における「自閉症スペクトラム」―何がどう変
　　わったか？　こころの科学，174; 22-28.
文部科学省（2012）通常の学級に在籍する発達障害の可能性のある特別な教育的支援を必要と
　　する児童生徒に関する調査結果について．
文部科学省・厚生労働省（2005）文部科学事務次官・厚生労働事務次官通知　発達障害支援法
　　の施行について．
関あゆみ（2016）LD とは― E 脳の発達と脳機能．In：玉井浩監修，若宮英司編：子どもの学び
　　と向き合う―医療スタッフのための LD 診療・支援入門．診断と治療社，pp.21-26.
Sonuga-Barke, E., Bisakou, P., & Thompson, M.（2010）Beyond the Dual Pathway Model: Evidence for the
　　Dissociation of Timing, Inhibitory, and Delay-Related Impairments in Attention-Deficit/Hyperactivity
　　Disorder. *Journal of the American Academy of Child and Adolescent Psychiatry,* 49(4); 345-355.
髙橋脩（2014）自閉症をめぐる医学的概念の変遷．こころの科学，174; 15-21.

上田敏（2002）新しい障害概念と 21 世紀のリハビリテーション医学— ICIDH から ICF へ．リハビリテーション医学，**39(3)**; 123-127.

WHO（2018）ICD-11 for Mortality and Morbidity Statistics 2018 version．https://icd.who. int/browse11/l-m/en#/http% 3a% 2f% 2fid.who.int% 2ficd% 2fentity% 2f334423054（2018 年 6 月 21 日閲覧）

Wing, L. & Gould, J.（1979）Severe impairments of social interaction and associated abnormalities in children: Epidemiology and classification. *Journal of Autism and Developmental Disorders,* **9** (1); 11-29.

Wing, L.（1996）*The Autistic Spectrum: A Guide for Parents and Professionals.* Constable and Company Limited.（久保紘章・佐々木正美・清水康夫監訳（1998）自閉症スペクトル 親と専門家のためのガイドブック．東京書籍.）

第 2 部
障害者の心理社会的課題および必要な支援

身体障害者を取り巻く心理社会的課題

本吉大介

🔑 *Keywords*　肢体不自由, 内部障害, 視覚障害, 聴覚障害, 障害者役割, 病者役割, 障害への適応（障害受容）, 障害者権利条約, 合理的配慮, ライフサイクル

　本章では, 前半に身体障害者に共通する心理社会的課題として障害者役割と障害への適応, および2016（平成28）年4月1日から施行された「障害を理由とする差別の解消の推進に関する法律」における合理的配慮に関する課題について概説する。後半は身体障害を肢体不自由, 内部障害, 視覚障害, 聴覚障害に分け, 各障害特有の心理社会的課題について述べる。

■ I　障害者役割と病者役割

1. 障害者役割

　後藤（1991）によると, 役割とは「マクロな社会構造とミクロな具体的個人との結節点であり, 特定の社会構造内および社会状況下において, 一定の地位の個人に対してその実行が期待される, ある程度まで安定的な行動パターンのこと。役割期待からの逸脱は一定の賞罰につながり, ここに役割規範が作用する」とされており, 障害者役割とは社会が障害のある個人に対して実行を期待する行動を意味する。

　障害者役割についてカットナー（Kutner, 1971）は次の4点を挙げている。

①自己の社会的不利に対して忍耐強く打ち勝つこと。
②能力低下に適応すること。
③障害されていない身体機能を用いて, 能力低下の代償を行うこと。
④ある程度まで仕事を行い, 社会的には活動性を高めること。

　また, ウー（Wu, 1973）は障害者役割の類型として4点を挙げている。

①ハンディキャップのある動作者
②手段的な依存関係
③自分の状態の共同管理者
④ PR 担当者

　カットナー（1971）とウー（1973）の挙げる障害者役割の特徴をまとめると，社会は障害のある個人に対して以下のような行動を求めていることになる。

①自分自身の障害状態に責任を持ち，改善・克服するための努力を継続すること。
②何らかの機能上・身体構造上の障害によって生じる活動制限について代替手段を用いたり，手段的なサポートを求めたり受けたりすること。
③制限はありつつも社会的役割を担い，社会参加をすること。
④適切な理解や援助について理解啓発するために障害の状態等について説明すること。

　したがって，障害のある人は自分自身の能力を把握し，社会からのサポートも効果的に活用しながら自立と社会参加のための最大限の努力を求められていることがわかる。障害者は状況的役割であるが，社会からの一方的な役割行動の期待が葛藤を生じさせることは想像に難くない。

２．病者役割

　他方，急性期にある病者の場合に求められる役割は質が異なる。パーソンズ（Parsons, 1978）は病者役割として4点を挙げている。

①病者は正規の社会的役割の数々を免除されている。
②病者は自己のおかれた立場や条件について何ら責任がない。
③病者は速やかによくなろう，回復しようと努力しなければならない。
④病者は専門的援助を求め，医師に協力しなければならない。

　急性期の病者役割は社会的役割を免除されるとともに，専門家に対して受動的に従い，協力することで症状あるいは障害状態を除去することができれば，一時的な病者役割から離れることができる。

３．障害者役割と病者役割の違い

　障害者役割と病者役割を対比したものが中村（1983）の表1である。障害者役割と病者役割は質的に異なり，障害者役割の場合には障害を自分の一部として認

表1　病者と障害者の役割 (中村 ,1983)

	病者役割	障害者役割
役割の期間	一時的	永続的
社会的義務	免除	可能な限り負う
医療に対する態度	受動的	能動的
自己の疾病ないし障害に対する態度	排除	適応
自己の身体的条件に対する責任	なし	機能障害についてはないが能力低下についてはある
社会制度上の保障	ある	部分的にある

めつつ，主体的・能動的にセルフケアや社会参加に努めることが求められていることがわかる。しかしながら，障害を自分の一部として認め，手段的なサポートや代替手段を効果的に用いながら生活や社会参加を実現することは容易なことではなく，本人の障害への適応（障害受容）や社会の受容体制が深く関わっている。

■ II　障害への適応（障害受容）に関わる諸課題

1．障害への適応（障害受容）の概念

　障害受容について上田（1980）は「あきらめでも居直りでもなく，障害に対する価値観（感）の転換であり，障害をもつことが自己の全体としての人間的価値を低下させるものではないことの認識と体得を通じて，恥の意識や劣等感を克服し，積極的な生活態度に転ずること」と定義し，本人が障害に対する価値観を変えることが障害受容であるとしている。また，南雲（2002）は“他人から負わせられる苦しみ”についても強調し，社会が障害者を受け入れる“社会受容”の重要性について指摘している。現在では，国際生活機能分類（ICF）の考え方の広がりもあり，自己と社会の両面から障害への適応に向かっていくことが重要である。

2．受傷時期（先天性／後天性）と障害への適応プロセス

　後天性身体障害者の障害への適応プロセスは表2のようなステージ理論で説明されている。援助に当たっては，対象者が現在どの段階にいるかを確かめた上で，それぞれの段階に適した援助をすることが必要であるとされている（古牧，1986）。実際には，ステージ理論を理解の大枠としつつ，個々の生活史や心理状

表2　障害受容の段階　※岡本（2013）を基に作成

ショック期	重大な病気や事故を受けたことが頭でわかっていても，心の中は意外に平穏であるが，一方で大変なことが起こっていると感じている時期
否認期	医師の説明を受けてショックを受けたり，健常者に嫉妬や羨望を抱いたり，わずかな回復でも過大評価する傾向があり，奇跡を希望することも多い時期
混乱期	気落ちしたり，死にたいと思ったり，何もする気がなくなったり，人生がつまらなく感じたりする一方で，治るのであればどんなことでもすると思ったり，気が気でなかったり，人の言うことに腹が立ったりするなど，障害が簡単に治らないとわかってきて，人に攻撃的になったり，落ち込んだりする時期
解決への努力期	自分で努力しなければならないと悟り，落ち込んではいけないと思い，他の患者を観察学習する時期
受容期	障害を自分の個性の一部として認める時期で，「今の障害のある状態，これが自分なのだ」と認められるようになり，周囲の人と対等に交流したり，社会の中で新しい役割や仕事を得て活動するようになる時期

態などの特性に応じた心理的支援が必要となる。また，課題が解決され適応の段階が進行したからといってその状態が永続すると捉えるのではなく，ライフイベントにおいて障害が関連して生じるさまざまな心理社会的な課題がありえるということは心に留めておかなければならない。

　先天性身体障害に関連して小畑（2008）は「知的に顕著な障害を持たない場合は，ボディイメージは健常児と同じように形成されていく。思春期を迎える時点で，他者との比較から否定的なボディイメージが生まれる可能性があり，行動問題，心理的不適応につながらないように指導する必要がある」と述べている。このように先天性身体障害者の障害受容に関する課題は，青年期における自我意識の芽生えや進路選択などのライフイベントにおける障害の意識化と関連し，それらの発達課題をどのように乗り越えたかという過程と密接に関わっている。とはいえ，自分自身の身体障害の特性は青年期に至らずとも“みんなと同じようにできない”という体験によって意識されることに留意し，早期からの心理的サポートを想定しておく必要がある。

3．進行性疾患特有の障害への適応の困難性

　進行性疾患の場合は通常のライフサイクルとは異なる考え方で生き方を捉え直す必要性もある。デュシェンヌ型筋ジストロフィーでは幼少期に歩いていた子どもが10歳前後で車いす生活になるなど急激な身体機能の低下と向き合わなければならない。また，筋萎縮性側索硬化症の場合では発症から数年で身体が全く動

かなくなり，呼吸器がなければ生きることも難しくなる。進行が速い上に，根本的な治療が確立していない疾患の場合は，障害状態への適応やQOL，将来の見通しなど，モデルケースが少ない状況での支援が求められる。

■ III　合理的配慮と当事者に関わる心理社会的課題

1．合理的配慮の概念

　合理的配慮とは障害者権利条約において定義されている概念である。「障害者が他の者との平等を基礎としてすべての人権及び基本的自由を享有し，又は行使することを確保するための必要かつ適当な変更及び調整であって，特定の場合において必要とされるものであり，かつ，均衡を失した又は過度の負担を課さないものをいう」と定義されている（外務省，2014）。身体障害者への合理的配慮の例としては，段差にスロープを設置する（肢体不自由），資料を拡大文字や点字によって作成したり読み上げて伝える（視覚障害），字幕や手話などの見やすさを考慮して座席配置を決める（聴覚障害），継続的な通院や服薬が必要な時には休暇や休憩などについて配慮する（内部障害）などが挙げられるが，これらは多様な配慮事例の一部である。現在は内閣府や独立行政法人国立特別支援教育総合研究所のホームページにおいて合理的配慮のデータベースも提供されており，その具体例は参照されたい。

2．合理的配慮の運用上の留意点

　合理的配慮の基本的な考え方（内閣府，2015）において，「法は，権利条約における合理的配慮の定義を踏まえ，行政機関等及び事業者に対し，その事務・事業を行うに当たり，個々の場面において，障害者から現に社会的障壁の除去を必要としている旨の意思の表明があった場合において，その実施に伴う負担が過重でないときは，障害者の権利利益を侵害することとならないよう，社会的障壁の除去の実施について，必要かつ合理的な配慮を行うことを求めている」としている。続いて「合理的配慮は障害の特性や社会的障壁の除去が求められる具体的場面や状況に応じて異なり，多様かつ個別性の高いものであり，当該障害者が現に置かれている状況を踏まえ，社会的障壁の除去のための手段及び方法について，『過重な負担の基本的な考え方』に掲げた要素を考慮し，代替措置の選択も含め，双方の建設的対話による相互理解を通じて，必要かつ合理的な範囲で，柔軟に対応がなされるものである。さらに，合理的配慮の内容は，技術の進展，社会情勢

の変化等に応じて変わり得るものであるとされている」。つまり，合理的配慮とは障害の種類や程度による決まった配慮の型や前例に基づく判断によって決定・提供されるものではなく，場面や状況，障害の状態，事業者の実態に応じ，建設的対話による相互理解のもとに柔軟に決定されるものということになる。

3．合理的配慮に関わる当事者の葛藤

①意思の表明

　合理的配慮を必要としている旨の意思の表明をする機会は，就学前の療育機関・幼稚園・保育所等への入所，就学時，新年度，進学時，就労時，施設やサービスの利用時などあらゆる場面が想定される。ここで障害当事者にとって課題となるのは，自身の障害状態を理解し，自分の必要とする合理的配慮を決め，相手（事業者）が理解できるように説明することである。幼少期には保護者や専門家がその役割を担うことが多い。その後の学齢期からは，特別支援教育における自立活動の中で，自己の障害の状態を理解したり，障害による学習上または生活上の困難を主体的に改善・克服するために必要な知識・技能・態度や習慣を獲得したりしていくが，その過程で徐々に意思の表明ができるようになることも同時に求められるようになる。

　障害について説明することの特筆すべき困難性は，障害の状態を体験したことがなく予備知識が不十分な相手が理解できるように説明しなければならないという点にある。これに加え，事業者の状況によって，あるいは本人の自己効力感の程度によっては支援の見込みがもてず，「意思の表明」を避けて社会参加をあきらめることもある。障害者権利条約と国内法整備によって今後の社会状況の変化が期待されるが，加えて障害特性に関する社会の理解が進むことによって合理的配慮を求める意思の表明に関わる障害当事者の葛藤や負担感は変化していくと考えられる。

②建設的対話

　「意思の表明」に続いて生じる場面が「建設的対話」である。合理的配慮の提供をもとめる障害当事者からの意思の表明と，それを受けた事業者が何らかの具体的な形として配慮を提供するために設定される“双方の納得がいく形で現状をよりよくするための相談”の機会である。建設的対話においてしばしば問題になることは，障害者の求める合理的配慮が「過重な負担」に該当するか否か，代替案が提示可能であるか否かである。物理的な環境を整える際には経済的な負担と空

間的な負担が問題とされる。制度や慣行の変更・調整においては周囲の人の理解や変更に伴う心理的負担が問題とされる。しかしながら，適切な代替案を示すことができれば，障害当事者の希望とは異なる形であっても社会的障壁の除去となる。

　この「建設的対話」における障害当事者にとっての心理的葛藤は，障害当事者と事業者の相互理解が不十分である場合に，互いに何をどこまで提案していいのかわからないという状況で生じてくる。また，意思の表明が「過重な負担」であるかどうかについて思いを巡らせることも心理的な負担感につながりやすい。特に，進学や就労など新しい環境へ移行するにあたり，教職員，職場の上司や同僚などと十分な関係性が取れていない段階では，相手に対してできるだけ負担を感じさせたくないのは自然な心の動きである。したがって，障害についての理解と事業者の事務・事業の目的・内容・機能の両面についての知識と経験を有する専門家によるコーディネートが必要となる。

③社会活動へのアクセスとプライバシー

　最後に，社会活動へのアクセスとプライバシーの間のジレンマ（西倉，2016）の問題がある。車椅子，白杖，補聴器のように，生活必需品の存在によって自然な文脈で障害があることを明示される場合は，社会の側の理解も比較的スムーズである。しかし，内部障害や精神障害のように開示しなければ障害の存在に気づかれない障害の場合には，社会の側の理解も得られにくいために当事者からの「意思の表明」が必要となる。先に述べた通り，自身の障害状態について適切に説明するためには十分な自己理解と説明スキルが必要である。加えて，自分自身の障害について知られたくないというプライバシー保護に関わる葛藤を自分なりに処理しなければならない。この葛藤は，社会の側が障害をどのように受けとめるかわからない，悲観的に考えれば偏見や差別につながるかもしれないという強い不安によるものである。偏見や差別への不安がなく，意思の表明をしやすい社会を築いていくためにも，理解啓発のための研修や情報提供，コーディネーターによる調整が必要となるのである。

■ Ⅳ　各障害における特有の心理社会的課題

　本節では，肢体不自由，内部障害，視覚障害，聴覚障害のそれぞれに特有の心理社会的課題について述べる。身体障害を4分類してそれぞれに概説するが，そ

の実態は多様である。先天性障害であるか中途障害であるか，障害の状態がどの
程度であるか（全もう／弱視，ろう／難聴，日常生活動作の状況，疾患の予後の
見込みなど），障害が重複しているかなどの諸要因によって心理社会的課題の様相
は異なってくる。したがって，各身体障害特有の心理社会的課題は大枠として踏
まえつつも，さまざまな観点からのアセスメントを行い，個の実態に応じた支援
を行う必要があることをはじめに述べておきたい。

1．肢体不自由に関わる心理社会的課題

①身体の介助に関連する心理的葛藤

　肢体不自由児・者の心理社会的課題の中で，とりわけ理解が必要なことは日常
生活のさまざまな場面で身体の介助が欠かせないという障害特性に関連する心理
的葛藤である。就学前などの幼年期には，食事や排泄，衣服の着脱に関する介助
は周囲の子どもたちも必要としている生活上の課題である。しかし，学齢期にな
ると周囲の子どもが補助なくできることが自分には難しいと感じたり，介助され
ている場面を周りの子どもから見られる場面が急激に増加する。肢体不自由のあ
る子ども自身が周囲の子どもを見て「違い」を意識することは自己意識の形成に
大きな影響を与える出来事である。発達過程では，自分でできるようになるため
のリハビリテーションの取り組みと，介助を含めた自立生活に適応していくプロ
セスが並置される時期があり，依頼することと自立することの葛藤が生じる。

　肢体不自由児・者が日常生活を自立して営んでいくためには家族以外の第三者
による介護や介助（以下，介助者）が必要である。この介助者との関係性も心理
的葛藤に関わりのある要素である。例えば，男性の肢体不自由者の場合，異性の
介助者との関係性は考えるべき課題である。介護労働者は女性が多数である。男
性の肢体不自由者の場合には異性の介助者が日常生活を支援している実態が多い
ことがうかがえ，同性であれば頼みやすいことも異性であることによって頼みに
くくなる状況もある。このように，自立した生活を営むための介助者との関係性
は生涯にわたって課題となりやすいことである。

②日常的な医療行為に関わる心理的葛藤

　二分脊椎症や脊髄損傷の場合には導尿や摘便のような医療行為による排泄が必
要である。導尿や摘便は医療行為であるため，介助者の補助を受けながら自己導
尿による排泄をしたり，看護師による導尿や摘便の処置を受ける。導尿や摘便の
実際については他の専門書を参考にしていただきたい。排泄に関わる処置や補助

に関する悩みや葛藤は，当事者から積極的に語られることの少ない事柄であるが，生活に関わる事項，社会参加に当たっては合理的配慮に関連する事項として知っておきたいことである。

2．内部障害に関わる心理社会的課題

①各ライフサイクルにおける内部障害の影響

　慢性疾患などの内部障害に関わる心理社会的課題は治療のための生活環境や活動の制限によるところが大きい。乳幼児期から入院して治療を受けている場合には，保護者と生活を共にする時間が限られていたり，遊びなどの活動ができるスペースや時間，体力や衛生上の問題で禁止されていることも多い。そのため，保育所や幼稚園での集団生活によって獲得される生活習慣や身辺自立のスキル，遊びを通して育まれる自発性や社会性の発達に影響がある。

　続く学齢期には，学習上の課題が現れる。入院中であれば院内学級や訪問教育によって授業を受けられるが，体調が不安定で学習に集中することが困難であったり，治療や検査のために十分に学習時間を確保することが難しいといった状況がある。入院期間が短期である場合にも学習空白や友人関係の不安によって学校への復帰がハードルとなる場合がある。この時期には，学校生活を通して得られる達成感や自己効力感，勤勉性の獲得が重要であるが，諸々の制約によって心の安定や生活への意欲に関わる情緒的な体験の不足がもたらされやすい。

　青年期は自我意識が高まり，自分自身の能力や容姿，将来像に強い関心が向く時期である。経験不足や治療の副作用による外見上の変化によって，自己に対する否定的なイメージが形成されやすくなる。さらに，否定的な自己イメージは将来展望を抱くことの難しさにもつながる。治療の経過の中では努力が報われないといった経験をすることもあることため，希望を失うような心情になりやすい。これらの諸々の要因が重なると心理的に退行し，周囲への反抗的な言動として現れることもある。

②成人期以降における内部障害の心理社会的課題

　「小児慢性疾患で療養（経過観察）をしている成人」をキャリーオーバーという（谷川ら，2003）。キャリーオーバーが抱えやすい心理社会的課題は，進学・就職，結婚・妊娠などに関することである（駒松，2009）。具体的には，就職における採用の可否，就業・家計の維持，妊娠・出産・遺伝，医療機関への定期的受診に対する職場の理解，小児がんの場合には再発や二次がん，晩期障害への不

安などがある。現在は，「ライフサイクルとして捉えた医療体系，すなわち，受精卵から出発して胎児，新生児，乳児，幼児，学童，思春期を経て生殖世代となって次の世代を生み出すというサイクルにおける心身の病態を包括的・継続的に診る医療」である成育医療（柳沢，2002）という概念が提唱され，国立成育医療研究センターを中心にサービスの提供やシステムの構築に関わる研究が取り組まれている。

　現代では糖尿病や心疾患，脳卒中などの生活習慣を原因とする内部障害やその後遺症によって，成人期から身体障害者となるケースが増えている。糖尿病を原因とする合併症では，進行すると人工透析や失明，下肢の切断に至る場合もある。社会生活を続けていくためには，健康状態や生活習慣を見つめ直し，生きるために必要な治療や生活習慣を生涯続けていく心構えを築く必要がある。しかし，実際には不安や抑うつ，攻撃性などの心理的な不安定さがあるため，心理的支援が必要であることを理解しなければならないだろう。

3．視覚障害に関わる心理社会的課題

①発達過程における視覚障害の影響

　先天性の視覚障害の場合，発達の早期に影響が現れる。視覚に障害がある場合に目を使ったコミュニケーションによって関係を築いていくことの困難があるため，言葉がけや触れ合いなどの代替手段によるコミュニケーションと愛着形成が必要となる。運動発達においては，座位や立ち上がり，独歩などの運動獲得が視覚障害のない子どもより遅れることが報告されている（Adelsen et al., 1974）が，移動運動の動因が視覚的に得られない，周囲の環境に関する情報を視覚的に得られないため移動することへの恐怖がある，模倣による運動獲得が困難であるといった要因が重なり，視覚障害のある子どもの運動発達は遅延する傾向にある。この点は更衣や食事，排泄，遊びなどの生活スキルの獲得にも共通する。

　聴覚に障害がない場合には，聞くことによって周囲の環境を理解したり音声言語を獲得しているが，バーバリズム（猪平，2001）と言われるように具体的な経験が不足してことばに現実的な裏付けがともないにくいことがある。河野（2007）の体験談は日常生活の中でさまざまな経験を積み重ねながら言葉の概念を豊かにしていく過程が詳細に述べられているが，五感を活用して関連する情報を獲得し，既知の概念と関連付けることによって概念を深化・精緻化している。したがって，幼少期からの意図的な関りによって本人の興味関心を引き出したり，具体的な行動を体験させたり，本人が安心して探索行動ができるような環境設定が発達の促

進には必要である。

②視覚障害の多様性と理解啓発の必要性

　視覚障害のある人は全盲よりも弱視（ロービジョン）の方が多く，点字や白杖を使わずに日常生活を送っている視覚障害者が多い。弱視者は周囲から気付かれなかったり，本人には見えにくい状態が通常であるため適切な支援を得ることが難しく，日常生活上の困難を体験している。例えば，人の見分けがつきにくく人間関係を築いていくことに困難を体験しやすいこと，位置や周辺環境の把握に困難があるため移動や活動に積極的になりにくいことなどが挙げられる。本人にとっての見やすさやわかりやすさは視覚障害の実態や個々人の生活史によっても異なるため，本人のニーズを把握すると同時に，家族や支援に関わっている専門家と情報共有を行うことによる適切な理解と支援が必要となる。

③視覚障害者の就労に関わる課題

　視覚障害のある人の3割は三療業（あん摩マッサージ，鍼，灸）に従事している。一方で，視覚障害のない人の三療業への従事者割合が増加しており，長い歴史のある三療業における視覚障害者の活躍は厳しい状況がある（新谷，2001）。障害の状態や本人の適性や意欲によってキャリア形成の在り方は異なっており，大学へ進学し公務員や企業などに就労したり，コンピュータ・プログラマーや録音タイピスト，電話オペレーター，視覚特別支援学校教員，図書館職員として社会で活躍している人も増えている。今後も，教育や職場における基礎的環境整備や合理的配慮の充実によって，キャリア形成の多様性，職業選択の幅が広がることが期待される。

4．聴覚障害に関わる心理社会的課題

①聴覚障害と情報障害

　聴覚障害者が社会生活の中で直面するコミュニケーション上の困難は，情報障害（情報の不足）と日本語の能力に起因する。情報障害が生じる理由は，学校や職場での伝達事項は慣習的に口頭によるものが圧倒的に多いことが一つに挙げられる。具体的には，予定やシステムの変更など仕事をするうえで必要な情報が入ってこない，学校での伝達事項を十分に理解できず，必要な準備ができないことで本人が困ってしまうことなどがある。また，学校の休み時間や，職場の懇親会の中で周りが楽しそうに話している内容がわからず強い孤独感を感じたり，暗黙

表3　難聴の子どもの書き言葉の特徴 (小網 ,2009) を参考に筆者作成

文章表現力	取材力	きこえる子どもに比べて内容が乏しい
	構成力	きこえる子どもに比べて弱い。学年の進行にともなって発達するが，個人差が大きい
	描写力	きこえる子どもでは羅列的な記述から関係的な記述へ，単なる説明から想像力を加えた物語へと発展するが，難聴の子どもでは高学年になっても羅列的な記述，説明にとどまる
文法能力	表記	読話，発語の不正確さにより，濁点のつけ間違いなど同口形異音語の書き誤りが多い （例：つづく⇒つつぐ，もも⇒ぼぼ）
	助詞	助詞の誤用が多く，用法も未分化である （例：ぼくに学校を行った）
	構文	重文や複文，受身文等の複雑な構文での誤りが多い （例：私は雨が降るときバスを降ります）

の了解がわからなかったりすることで集団適応の困難にもつながる。したがって，周囲の理解が不十分な環境での情報障害は深刻な問題である。

②聴覚障害と日本語能力

　発達期からの聴覚障害児・者は，早期からの教育によって手話によるコミュニケーションを獲得しているケースが多い。そのため聴者は，手話によって日本語を獲得できていると思い込み，筆談やメールなど文章の使用に支障がないと誤解していることが多い。しかし，聴覚障害は読み書きの獲得にも影響を及ぼすことがこれまでに指摘されてきている（表3）。また，内容理解に関して，まわりくどい表現や直接的でない言い方を理解することの難しさがある。しかし，これらのコミュニケーション上の難しさについて社会の側の理解は不十分な現状がある。

③聴覚障害者の就労に関わる課題

　現在，聴覚障害者の雇用の場は広がってきており，雇用機会の拡大という意味では社会参加は進んできていると言える。しかし，就職後に適切なサポートがなくコミュニケーション面で困難を抱えていたり，コミュニケーション能力の不十分さから職務上の能力を適切に評価されず，強い心理的なストレスを抱えているケースも多い。情報障害や日本語能力の課題は，永く聴覚障害者の雇用に影響を及ぼしている。したがって，聴覚障害児・者に対する情報保障の取り組みと日本語の教育は重要な課題である。

◆学習チェック表

□　障害者役割と病者役割の違いについて理解した。

□　障害への適応（障害受容）の概念とプロセスについて先天性と後天性の違いを含めて理解した。

□　合理的配慮の概念と運用上の留意点を理解した。

□　合理的配慮に関わる当事者の葛藤について理解した。

□　各障害特有の心理社会的な課題について理解した。

より深めるための推薦図書

　川島聡・飯野由里子・西倉実季・星加良司（2016）合理的配慮─対話を開く，対話が拓く．有斐閣．

　長崎勤・前川久男編（2008）障害理解のための心理学．明石書店．

　田中農夫男・木村進編（2009）ライフサイクルからよむ障害者の心理と支援．福村出版．

　Heward, W. L.（2005）*Exceptional Children: An Introduction To Special Education 8th Ed.* Prentice Hall.（中野良顕・小野次朗・榊原洋一監訳（2007）特別支援教育─特別なニーズをもつ子どもたちのために．明石書店．）

文　　献

Adelsen, E. & Fraiberg, S.（1974）Gross motor development in infants blind from birth. *Child Development,* 45; 225-236.

外務省（2014）障害者の権利に関する条約．http://www.mofa.go.jp/mofaj/fp/hr_ha/page22_000899.html（2018年4月24日参照）

後藤将之（1991）役割理論．In：中島義明・安藤清志・子安増生・坂野雄二・繁桝算男・立花政夫・箱田裕司編：心理学辞典．有斐閣．

猪平眞理（2001）視覚障害と幼少期．In：田中農夫男・池田勝昭・木村進・後藤守編：障害者の心理と支援．福村出版，pp.26-31.

小網輝夫（2009）きこえの障害と言語発達②─書き言葉の支援．In：白井一夫・小網輝夫・佐藤弥生編：難聴児・生徒理解ハンドブック．学苑社，pp.12-13.

古牧節子（1986）リハビリテーション過程における心理的援助─障害受容を中心として．総合リハ，14(9); 719-723.

駒松仁子（2009）キャリーオーバーの医療と社会的自立への道．In：松川弘治・駒松仁子・松浦和代・夏路瑞穂編：病気の子どもの心理社会的支援入門．ナカニシヤ出版，pp.40-47.

河野泰弘（2007）視界良好．北大路書房．

Kutner, B.（1971）Rehabilitation: Whose goals? Whose priorities? Arch. Phys. Med. Rehabil, 52; 284-287.

南雲直二（2002）社会受容［障害受容の本質］．荘道社．

内閣府（2015）障害を理由とする差別の解消の推進に関する基本方針．http://www8.cao.go.jp/shougai/suishin/sabekai/kihonhoushin/honbun.html（2018年4月24日参照）

中村隆一（1983）病気と障害，そして健康．海鳴社．

西倉実季(2016)合理的配慮をめぐるジレンマ─アクセスとプライバシーの間．In：川島聡・飯野由里子・西倉実季・星加良司著：合理的配慮─対話を開く対話が拓く．有斐閣，pp.163-180.

小畑文也（2008）運動・健康障害．In：長崎勤・前川久男編：障害理解のための心理学．明石書店，pp.275-283.

岡本五十雄（2013）障害受容（克服）―脳卒中患者のこころのうち．*The Japanese Journal of Rehabilitation Medicine,* **50**(12); 951-956.

Parsons, T.（1978）Action Theory and the Human Condition. New York; Free Press.

新谷守（2001）視覚障害と成人．In：田中農夫男・池田勝昭・木村進・後藤守編：障害者の心理と支援．福村出版，pp.32-35.

谷川弘治・松浦和代・駒松仁子ほか（2003）小児慢性疾患キャリーオーバーの社会自立に関する研究．特別なニーズ教育とインテグレーション学会第9回研究発表要旨収録，34-35.

Wu, R.（1973）*Behavior and Illness.* Englewood Cliffs; Prentice-Hass.

柳沢正義（2002）成育医療の概念とその背景．小児看護，**25**(12); 1567-1570.

上田敏（1980）障害の受容．総合リハ，**8**; 515-521.

知的障害者を取り巻く心理社会的課題

田中敦士

🔑 *Keywords*　精神遅滞，神経発達障害，知的発達症，療育手帳，障害者雇用促進法，法定雇用率，離職原因，ジョブコーチ

I　知的障害を巡る国内外の定義の相違

「知的障害」をめぐっては，過去に呼称とスティグマの問題が国内外で歴史的にあり，慎重な用語の使用と理解が必要である。

行政における知的障害の定義としては，1953年の文部事務次官通達「教育上特別な取扱を要する児童生徒の判別基準（試案）」で，「種々の原因により精神発育が恒久的に遅滞し，このため知的能力が劣り，自己の身辺の事がらの処理および社会生活への適応が著しく困難なもの」というのがはじめて行政より示された定義であった。一方，厚生労働省では，1990年の「精神薄弱児（者）福祉対策基礎調査」において，「知的機能の障害が発達期（おおむね18歳まで）にあらわれ，日常生活に支障が生じているため，何らかの特別の援助を必要とする状態にあるもの」とした。しかしいずれも具体的かつ明確な基準等は示されなかった。

1990年代まで国内で使われていた「精神薄弱」は，漢字から見て「精神が薄くて弱い」と想像できる通り差別的な意味が強く含まれている。障害者団体等からの批判もあり，1998年の法改正で「知的障害」に改められた。この時点で，「知的障害」の表現が法制化され行政用語として確立したわけである。

しかし，医学領域ではこれにすぐには従わず，"Mental Retardation"の訳語である「精神遅滞」が診断名として現在に至るまで使用され続けている。学校や心理カウンセリング現場でしばしば目にする診断書には，「精神遅滞」とか「M.R.」といった表現で記載されており，「知的障害」との違いがあるのか迷ってしまう実務家も多い。厚生労働省による「疾病，傷害および死因分類」では，「知的障害（精神遅滞）」（F70-79）というように両者を併記しており，わが国においてはほぼ同

義と捉えて差し支えない。

　しかし，「知的障害」に関する国際的定義としてもっとも浸透している AAIDD（American Association on Intellectual and Developmental Disabilities；米国知的・発達障害協会）の知的障害定義 第11版（2009）では，「知的障害」と「精神遅滞」の違いを構成概念の分析から明確に述べている。「精神遅滞」では「障害はその人の中にある欠陥である」と見なしているのに対し，「知的障害」では「障害は人の能力とその中で人が役割を果たす情況のミスマッチである」と見なしている。つまり，「精神遅滞」は人に内在する条件（たとえば知性の緩慢さ）を指すのに対して，「知的障害」は機能の状態であり条件ではないと説明している。このような差異があることは，わが国においては専門家でさえもほとんど知られていないことであるが，公認心理師を目指すものとしてはきちんと説明できるように期待したい。

■ II　知的障害と発達障害の区分

1．国際的定義における知的障害と発達障害の位置づけ

　本書においては，目次を見て頂ければお分かりの通り，知的障害と発達障害が別々の章立てとなっている。これはわが国の行政的な区分をもとに目次を作成しているわけであるが，国際的な学術的立場に立てば強い違和感がある。

　国際的な定義として広く浸透している DSM-5（アメリカ精神医学会，2013）では，種々の精神障害・発達障害が，「神経発達障害（Neurodevelopmental Disorders）」という大カテゴリーに分類された。神経発達障害は広義の発達障害と考えることができるが，ここに知的能力障害群(Intellectual Disabilities)が含まれ，その下位分類に① Intellectual Disability（Intellectual Developmental Disorder）；知的能力障害（知的発達症／知的発達障害），② Global Developmental Delay；全般的発達遅延，③ Unspecified Intellectual Disability（Unspecified Intellectual Developmental Disorder）；特定不能の知的能力障害（特定不能の知的発達症／特定不能の知的発達障害），が含まれている。

　知的能力障害群と同列に位置づけられている神経発達障害には，コミュニケーション障害（Communication Disabilities），自閉症スペクトラム（Autism Spectrum Disorder），注意欠如・多動性障害（Attention-Deficit/Hyperactivity Disorder），限局性学習障害（Specific Learning Disorder），運動障害（Motor Disorders），他の神経発達障害（Other Neurodevelopmental Disorder）がある。

2．わが国における知的障害と発達障害の位置づけ

　発達障害者支援法（2004 年 12 月 10 日法律第 167 号）において，発達障害を「自閉症，アスペルガー症候群その他の広汎性発達障害，学習障害，注意欠陥多動性障害，その他これに類する脳機能の障害であってその症状が通常低年齢において発現するものとして政令で定めるもの（2 条 1 項）」と定義している。これらは知的障害を伴わないものとしているが，DSM-5 ではこのような区分をしていない。また，「アスペルガー症候群」や「広汎性発達障害」は DSM-Ⅳ で使用されたものであり，DSM-5 では廃止され「自閉症スペクトラム」に統合されている。

　こうした発達障害の定義に関する問題は他の章に委ねることとするが，実務レベルではしばしば診断名によって混乱することがあるだろう。大切なのは，いつ，どのマニュアルによって診断されたものであるかを見極めることである。この分野は学術的にも発展途上にあり，劇的に変化している。定義もおそらく 10 年後，20 年後にはまた大きく変わっているかもしれない。しかし，心理社会的課題も支援方法も診断名だけでは判断できない。例えば，「知的障害」という単一の診断名がついていたとしても，実際には不注意や衝動性・多動性が目立って極めてADHD の様相を示すものもいるだろう。あくまでもケースごとに深く洞察し，諸検査や臨床的な分析，本人・家族や関係機関の専門家からの情報などを総合的に判断することが肝要である。

Ⅲ　知的障害者をめぐる心理社会的課題の例：療育手帳

　前出の AAIDD では，「定義とは，用語を正確に説明し，境界線を確立することを指す」と明確に述べている。わが国の文部科学省や厚生労働省等では，これまでに「知的障害」の定義にあたり，明確な基準や検査方法を明確に示してこなかった。大雑把な指針だけを示し，具体的なことは市町村などの各自治体に責任を押し付けてしまったために，諸方面に混乱と広大なグレーゾーンを作ってしまった。その最たる例が療育手帳制度であろう。

1．療育手帳制度の概要

　療育手帳は，法律の規定に基づいて発行される身体障害者手帳や精神障害者手帳と異なり，1973 年 9 月 27 日付厚生事務次官通知「療育手帳制度の実施について」などに基づいて，都道府県知事や政令指定都市の長が知的障害と判定した人

に発行する障害者手帳である。18 歳未満は児童相談所，18 歳以上は知的障害者更生相談所が判定を行う。小児科医や心理判定員による診察，面接，心理テスト，聴取により，子どもの言語能力，感情表現の有無や程度，運動機能，ADL などを見極めた上で判定される。

　療育手帳は各種の援助措置をスムーズに受けるために重要なものである。特別児童扶養手当，心身障害者扶養共済，国税・地方税の諸控除および減免税，公営住宅の優先入居，NHK 受信料免除，高速道路の料金割引，JR や航空会社の割引，公共施設の利用料割引などがあり，各自治体により独自の援助措置も多数ある。上記のうちの特別児童扶養手当は，支給月額が 1 級 52,200 円，2 級 34,770 円（平成 31（2019）年 4 月現在）となっている。金銭的メリットが大きいため，不公平がないように国全体で共通の基準が必要なはずであるが，現実には地域差がかなりある。

2．知的障害の基準をめぐる混乱

　厚生労働省からの指導は，重度は「A」，それ以外は「B」の 2 つのランク区分だけである。重度（A）とは，「①知能指数（IQ）がおおむね 35 以下であって次のいずれかに該当するもの。食事，着脱衣，排便，洗面など日常生活の介助を必要とする。異食，興奮などの問題行動が見られる。②知能指数がおおむね 50 以下であって，盲，ろうあ，肢体不自由を有するもの」となっている。

　しかし，多くの自治体は独自に，3～6 程度のランクに区分をしている。「重度」と「中軽度」の境界は，どこの自治体でも国の基準「IQ 35」が目安である。一方，療育手帳取得の境界値は IQ 70～75 である。IQ が 70～75 より高く，日常生活の能力に問題がない場合は，療育手帳の認定基準に満たないので手帳はもらえないはずだが，この手帳がもらえるかもらえないかの境界は，それぞれの都道府県等が独自に決めているため，臨床現場においてはたびたび例外に出くわす。療育手帳交付のボーダーラインは，IQ 70 が基準の自治体もあれば，IQ 75 が基準の自治体もある。ある県で療育手帳を却下されても，別の県では取得できたといったことが十分にあり得る。また，IQ 90 以上で療育手帳を取得した事例もあり，自治体に基準や解釈を尋ねたが「回答できない」という回答があった。まさに判定実務の舞台裏はブラックボックスとなっている。

3．療育手帳と手当

　療育手帳の等級は重度の知的障害でも，手当を申請すると中度と判定される場

表1　療育手帳の等級と IQ 数値の一覧表の例

障害の程度	IQ・DQ の目安	生活の状態
最重度	IQ 20 未満	生活全般に常時援助が必要
重度	IQ 35 未満	日常生活に常時援助が必要
中度	IQ 50 未満	日常生活に援助が必要
軽度	IQ 70 未満 （IQ75 未満）	日常生活はできる

　合もある。療育手帳は自治体ごとの独自基準であるためである。また，これらの手当などの制度は，療育手帳とは別制度なので，療育手帳とは別に申請手続きをして認定されないと手当はもらえない。療育手帳を持っていても，軽度であれば特別児童扶養手当は不支給となることもあるほか，所得制限もある。こうした地域事情があることも公認心理師としては実務上知っておくべきであろう。

　こうした地域による格差があることは厚生労働省も認識しており，地域格差是正の取り組みは始めているが，明確かつ公正な基準とその運用が定着されるにはまだまだ時間がかかるであろう。

4．国際的観点から見た知的障害の重症度判定の問題

　これまで述べてきたように，わが国においては，知的障害の判定では IQ をとても重視している。IQ や DQ の検査結果の数値に加え，日常生活の能力などを参考に総合的に障害の判定をしていることになっているが，実際には自治体任せで基準も曖昧である。日常生活の能力などについては全国的に共通した判定ツールや基準がないために，IQ に頼らざるを得ないのである。

　しかし，DSM-5 では，知的障害の重症度の診断基準から IQ 値の記載が削除された。知能検査だけでは把握しきれない実生活上のさまざまな困難さなどを含めて総合的な判断が求められているのである。もちろん知的障害の定義における3要件（知的機能，適応機能，発達期）は変わらない。知能検査の実施は必要なものであるが，IQ 値は誤差も含めて判断し，重症度においては実生活上の困難さや支援の必要性を重視することを求めているのである。

Ⅳ　知的障害者の心理社会的特徴と課題

1．乳幼児期から学童期の特徴

　知的障害は，医学的には単一の疾患ではなく，知的発達の遅れを共通の症状とするひとつの症候群である。したがって，以下に述べる症状は典型的によく観察されるものであって，いつも共通的にみとめられるというものではない。また，それらが観察されるからといって，直ちに知的障害と診断されるというわけでもない。

　生まれた時やその直後の段階から明らかな異常がみられることがある。この異常には身体的なものや神経学的なものがあり，顔の形態の異常，頭が異常に大きいまたは小さい，手や脚の形態異常など，さまざまな形で発現する。外見的にはまったく正常でありながら健康に重大な問題があることを示す徴候，たとえば，けいれん，脱力，嘔吐，尿の臭いの異常，ほ乳不良などの症状が現れる子どももいる。出生後の１年間に運動能力の発達の遅れや，寝返りをうつ，座る，立つなどの動作に遅れがみられる場合も少なくない。始語や始歩が大幅に遅れる場合も多い。

　しかし知的障害の子どもの多くは，幼稚園や保育園に行く年ごろになるまで目立った症状がみられない。程度が重いほど症状が早い時期に明らかになりやすい。最初に気づくことが多い徴候としては，言葉の発達の遅れである。知的障害の子どもは単語を話したり，文で話したりするといったことができる時期が遅くなりやすい。認知障害や言語能力の不足から社会性の発達が遅れることもある。自分で排泄をしたり，服を着たり，食事をひとりで食べるようになる時期が遅れる場合も少なくない。小学校や幼稚園，保育園に行くようになって，同年齢の子どもと比較して相応の活動や学習ができないことが判明するまで，知的障害の可能性を疑わない保護者も多い。

　他の子どもよりも行動上の問題を抱えることもあり，突然かんしゃくを起こしたり，攻撃的な行動をしたりするといったことがみられる場合もある。このような行動は彼らのコミュニケーション能力や衝動をコントロールする力が不足しているためで，ストレスを感じる状況をさらに悪化させてしまうことになる。素直でまじめな性格をもって成長する子どもが多く，その結果だまされたり，犯罪に巻き込まれたりすることも青年期以降には大きな問題となってくる。就労・就業の年代となったら，関係者はこうした性格や行動上の側面にもよく配慮をして支

表2　青年期から成人期における知的障害者の特徴

苦手な点	・抽象的な言葉や概念を理解する，自分で判断して行動する，計算や読み書きなどが苦手な人もいる。 ・思っていることを適切に表現できないことがある。 ・他の従業員に比べ，仕事を覚え，習熟する速度が遅い人もいる。 ・中には，てんかん発作の症状のある人もいるが，近年の医学の進歩により，抗けいれん剤などの発作を抑える薬を正しく服用すればまったく心配はいらない。
優れた点	・仕事を覚えるのに時間はかかるが，一度覚えた作業や仕事はしっかりとこなす。 ・本人の適性に合った仕事は一生懸命に行う。コツコツと一つの仕事を継続し，反復・単純作業などに耐えられる。 ・仕事に対する真面目さといい，熱心さといい，他の従業員の見本となる人もたくさんいる。

援する必要がある。

　知的障害者の約10～40％には，重複診断で精神疾患もみられるとされている。特にうつ病はよくみられるもので，自分が友達とは違うことに気づいた子どもや，障害があることでいじめや虐待を受けた子どもにみられやすい。ストレスへの対処（コーピング）が苦手なため，メンタルヘルスの対策は特に大切である。幼い頃からさまざまな社会体験を積み重ね，社会生活力や対人スキルを長期的に高めていくことが重要である。

2．青年期から成人期の特徴

　青年期から成人期における知的障害者の特徴として，企業などと雇用契約を結んで就職した場合には，一般的に表2のような特徴が職場で観察されると言われている。

　知的障害者の中には敏感・繊細な心を持つ人が多いので，子ども扱いされることや侮辱されるような言葉は特に嫌う傾向がある。一人の社会人として接することが大切である。

■ V　民間企業における知的障害者の雇用実態からみる心理社会的課題

1．厚生労働省による障害者雇用実態調査結果の概要

　厚生労働省では，民営事業所における障害者の雇用の実態を把握し，今後の障害者の雇用施策の検討や立案に役立てることを目的に，5年ごとに障害者雇用実態調査を実施している。「平成30年度障害者雇用実態調査」の結果のうち，知

的障害者に関する事項を取り上げて紹介する。調査は，常用労働者5人以上を雇用する民営事業所のうち，無作為に抽出した約9,200事業所が対象で，回収数は6,181事業所（回収率67.2％）であった。

　従業員規模5人以上の事業所に雇用されている知的障害者は18万9,000人である。従業員規模5人以下の事業所については調査がないので実態は不明であるが，家族経営の自営業や農家などかなりの知的障害者が働いている可能性がある。

　障害の程度別にみると，重度が17.5％，重度以外が74.3％となっている。この障害程度は職業的重度判定によるもので，医学的な障害程度とは異なる。療育手帳上は「軽度」であっても，職業的重度判定になる場合も少なくない。なお，障害者雇用促進法においては知的障害の程度が重い者を「重度知的障害者」として，障害者雇用率の算定にあたっては，1人を2人の知的障害者とみなして取り扱うこととするなど特別な措置を講ずることとされている。民間企業（障害者雇用促進法により45.5人以上の常用労働者がいる事業体）の事業主は法定雇用率2.2％を達成する必要があるが，職業的重度判定を受けている者はダブルカウントできるため，雇用する事業所側にとっては大きなアドバンテージとなる。

　雇用形態をみると，知的障害者は19.8％が正社員となっている。ちなみに，身体障害者は52.5％，精神障害者は25.5％，発達障害者は22.7％であるから，知的障害者は正社員にはなりにくいことがわかる。経験を重ねても賃金はあまり上がらず，不安定な非正規雇用の身分で雇用されていることが多い。

　週労働時間では，30時間以上の割合は，身体障害者は79.8％，知的障害者は65.5％，精神障害者は47.2％，発達障害者は59.8％となっている。週20時間以上30時間未満は，身体障害者は16.4％，知的障害者は31.4％，精神障害者は39.7％，発達障害者は35.1％となっている。知的障害者の3割以上は短時間雇用であることがわかる。

　職業別にみると，知的障害者は生産工程の職業が37.8％と最も多い。多くは単純反復作業に従事していると考えられる。

　平成30（2018）年5月の平均賃金をみると，身体障害者は21万5千円，知的障害者は11万7千円，精神障害者は12万5千円，発達障害者は12万7千円となっている。障害種類別では知的障害者が最も低い。

　平均勤続年数をみると，身体障害者は10年2月，知的障害者は7年5月，精神障害者は3年2月，発達障害者は3年4月となっている。知的障害者は同じ企業で継続雇用される年数は長いが，勤続年数が上がっても賃金はなかなか上がりにくいことも反映している。知的障害者のキャリア・アップや働く権利をいかに

保障していくかが喫緊の課題となっている。

　雇用している障害者への配慮事項としては，「短時間勤務等勤務時間の配慮」が知的障害者では57.6％と最も多くなっている。

　障害者を雇用する上で関係機関に期待する取り組みとしては，知的障害者については，「具体的な労働条件，職務内容，環境整備などが相談できる窓口の設置」が46.7％と最も多くなっている。

　障害者雇用を促進するために必要な施策としては，知的障害者については，「外部の支援機関の助言・援助などの支援」が62.3％で最も多くなっている。

　以上から，知的障害者が生き生きと働ける環境を作るためには，企業任せでは厳しい状況があり，相談機関や関係機関による専門的な援助や助言が不可欠である。職場でのちょっとしたミスに対して，初期対応を誤ることで事態が重大化し，それが離職の引き金になることが多いのである。

　近年は職場適応援助者（ジョブコーチ）が，知的障害者の職場定着等で大きな効果を上げている。

２．知的障害者の離職原因と事例

　知的障害者の離職の原因を調べた近年の学術研究としては，福井ら（2015）の研究がある。能力開発施設において職業訓練を終了後，一般就業した83名を対象とした調査である。統計学的な分析の結果，離職に影響を及ぼす要因は，「障害の等級」「仕事上の相談者の有無」「製造業であるか否か」の３項目のみであった。障害が重いほど離職しやすく，製造業のように単純反復作業の要素が多いほど離職しにくいという結果については説明は不要であろう。注目すべきは２つ目の「仕事上の相談者」である。相談者がいない者ほど離職しやすいという結果について，福井らはジョブコーチの存在を挙げ，わが国ではまだまだジョブコーチの絶対数が少ないことを指摘している。

　知的障害者の離職の原因については，統計学的な調査の限界もあり，科学的根拠のある原因を断定することは容易ではない。そこで事例ベースで見ていくとさまざまな心理社会的課題が見えてくる。筆者が相談に乗ったケースや事例検討会など実践現場でよく出くわした離職原因のうち，意外と知られていないがとても多いという原因を３事例紹介する。

①恋愛感情がストーカーへ変貌した事例

　知的障害者の多くは，特別支援学校などを卒業して，就労移行支援事業所など

を経て企業に就職することが多い。最近は特別支援学校で恋愛学習や性教育に力を入れている学校もあるが，保護者の「寝た子を起こすな」といった意見から積極的な指導を控え，青年期までに必要な指導を受けられないケースが多い。そのため，企業に就職すると突然キラキラした世界に身を置くこととなり，男女ともに恋愛感情に火がついてしまうことが少なくない。人を好きになることは健全な証拠であるが，恋愛経験がなく相談できる人もいない場合，ストーカーになってしまうことがあるのである。

　Aさん（男性）は，入社後すぐに世話役としてよく声をかけてくれた障害のない20代の女性社員を好きになってしまった。特別支援学校では女子生徒も化粧を許されていないため，お化粧できらびやかにふるまう女性社員はたいそう魅力的に見えたに違いない。さて，問題はその後の行動である。好きであるという感情をどう表現してよいのか，学校ではまったく習ったことがなく，聞ける友人もいなかった。そこで彼が取った行動は追跡であった。退勤後に女性社員の後をそっとつけ，家までついて行ってしまった。家を突き止めたので，翌朝家まで迎えに行き，花束を持って出てくるのを待っていたのである。

　当然のことながら女性社員は跡をつけられたことに困惑し，その後恐怖となって上司に相談した。上司はストーカー事案として重大な問題として社内会議にかけ，解雇が決定したのである。刑事事件にならなかったことがせめてもの救いであった。

　恋愛感情をどのように表現し，社会的に許容される方法で告白するためには高いコミュニケーション能力と知識，経験が必要である。公認心理師が青年期の知的障害者の相談にあたる場合には，ぜひとも考慮してほしい事例である。

②無断借用が窃盗へ変貌した事例

　特別支援学校では，人の物を断りなく，何気なく使用したりすることが実は多い。隣の生徒の机を開けてはさみを勝手に使ったり，消しゴムを失敬したりという場面に出くわすことがある。教師がそれをきちんと見て，「人の物を使う時はひとことお願いしなさい」と日常的に指導すればよいのだが，知的障害者ということで大目に見たり，見逃してしまったりすることもある。こうした甘い環境下から厳しい企業環境に移行して，同様のことをした場合はどうなるか。

　Bさん（女性）は，ある女性社員が使っている化粧道具がずっと気になっていた。そしてある時，女性社員の化粧ポーチを勝手に開け，口紅を使ってしまった。タイミング悪く女性社員が戻ってきて，その場面を見てしまいショックを受けて

しまった。

　自分の口紅を勝手に使われ，気味悪く思った女性社員は上司に相談した。上司はＢさんを叱責したが，なぜ怒られたのか理由が理解できず，にやにやして謝ることをしなかった。しばらくして辞職に追い込まれたのである。「盗癖」と解釈されたのである。特別支援学校では見逃されていても，社会では泥棒になってしまうことを肝に銘じてほしいものである。

③給与をうっかり教えてパート社員のいじめにあった事例

　Ｃさん（男性）は特別支援学校高等部卒業後，新規学卒でフルタイム雇用された。とてもまじめで礼儀正しく，作業はあまりできなかったが正直な青年であり，パートの中年女性従業員グループ数名にかわいがられていた。作業で困っていると，パート社員がいつも親切に教えてくれていた。Ｃさんの月給は約11万円である。雇用契約である以上，最低賃金が保証されるので，初任給として11万円は決して高いわけではなかった。

　ある時，パート社員のリーダー格の中年女性が何気なく「あなた，いくらもらっているの？」とこっそり聞いてきた。正直者のＣさんはためらうこともなく，「月11万円です」と答えてしまった。パート社員は時給制で勤務時間が少ないこともあり，月5万円程度であった。しかし，自分よりも明らかに作業が遅くミスも多いＣさんが，2倍以上の賃金をもらっていることに納得ができなかったのである。瞬く間にその噂はパート社員の間に拡散され，リーダー格の中年女性によるいじめ指令が出たのである。作業着を隠されたり，無視をされたり，虚偽の噂を流されたりして次第に居づらい職場環境となってしまった。精神的なストレスが蓄積されて朝起きれなくなり，出社拒否となり，自己都合による退職に追い込まれたのであった。この間，上司である正規社員はこうした事実を知らず，水面下でいじめは進行していたのである。退職後に再就職支援に向けて相談に乗った障害者職業カウンセラーによって，このような事実が初めて明らかになったのである。「パート社員には決して給与を教えてはならない」ということを公認心理師はぜひ知っておいてほしい。

3．ジョブコーチの概要と役割

　職場適応援助者（ジョブコーチ）支援事業は，職場にジョブコーチが出向いて，障害特性を踏まえた直接的で専門的な支援を行い，障害者の職場適応，定着を図ることを目的としている。ジョブコーチの種類には，表3のように3種類がある。

表3　ジョブコーチの種類

①配置型ジョブコーチ	地域障害者職業センターに配置するジョブコーチである。就職等の困難性の高い障害者を重点的な支援対象として自ら支援を行うほか，訪問型ジョブコーチおよび企業在籍型ジョブコーチと連携し支援を行う場合は，効果的・効率的な支援が行われるよう必要な助言・援助を行っている。
②訪問型ジョブコーチ	障害者の就労支援を行う社会福祉法人等に雇用されるジョブコーチである。高齢・障害・求職者雇用支援機構が実施する訪問型職場適応援助者養成研修または厚生労働大臣が定める訪問型職場適応援助者養成研修を修了した者であって，必要な相当程度の経験および能力を有する者が担当する。
③企業在籍型　　　ジョブコーチ	障害者を雇用する企業に雇用されるジョブコーチである。機構が実施する企業在籍型職場適応援助者養成研修または厚生労働大臣が定める企業在籍型職場適応援助者養成研修を修了した者が担当する。

　ジョブコーチ支援は，一般的・抽象的なものではなく，対象障害者がその仕事を遂行し，その職場に対応するため，具体的な目標を定め，支援計画に基づいて実施されるものである。障害者本人だけでなく，事業所や障害者の家族も支援の対象としている。ジョブコーチが行う障害者に対する支援は，事業所の上司や同僚による支援（ナチュラルサポート）にスムーズに移行していくことを目指している。そのためにジョブコーチは永続的に同じ障害者の支援にあたるものではなく，自立を促して撤退し，撤退後は職場の上司や同僚らが自然な形でジョブコーチの役割を担うことを目指すのである。ジョブコーチは従業員の見本としてふるまうことが肝要である。ジョブコーチがいなくなっても仕事ができるように環境調整し，従業員の支援力を高める役割が求められるのである。

　ジョブコーチの仕事の多くは，作業をわかりやすく教えることである。複雑な工程の作業を分解して，時系列的に並べた課題分析表を作成する。その課題分析表に従って，最小限の介入法で作業を教えていく。「言語指示」「ジェスチャー」「見本の提示」「手添え」の4段階の介入度を常に意識し，障害者がつまずいている部分についてのみ，最小の介入を施すことにより，仕事の自立を図るのである。「課題分析」と「最小限の介入による指導」の2つの要素から成る「システマティック・インストラクション」は，ジョブコーチには必携の支援技術であるが，公認心理師も知っておきたい概念である。

◆学習チェック表
□　「知的障害」と「精神遅滞」の使い分けを理解した。

- □　療育手帳について理解した。
- □　知的障害者の心理社会的特徴について理解した。
- □　民間企業における知的障害者の雇用実態について理解した。
- □　知的障害者の離職原因と具体的事例について理解した。

より深めるための推薦図書

高齢・障害・求職者雇用支援機構（2018）コミック版障害者雇用マニュアル：知的障害者と働く．http://www.jeed.or.jp/disability/data/handbook/manual/emp_ls_comic02.html

森則夫・杉山登志郎・岩田泰秀（2014）臨床家のための DSM-5　虎の巻．日本評論社．

日本職業リハビリテーション学会（2012）職業リハビリテーションの基礎と実践―障害のある人の就労支援のために．中央法規出版．

小川浩（2012）障害者の雇用・就労をすすめるジョブコーチハンドブック．エンパワメント研究所．

文　　献

American Association on Mental Retardation（1992）*Mental Retardation; Definition, Classification, and Systems of Supports, 9th Edition.* American Association on Mental Retardation.

American Association on Mental Retardation（2002）*Mental Retardation; Definition, Classification, and Systems of Supports, 10th Edition.* American Association on Mental Retardation.

American Psychiatric Association（2013）*Diagnostic and Statistical Manual of Mental Disorders 5th Ed.* APA.（高橋三郎・大野裕監訳（2014）DSM-5：精神疾患の診断・統計マニュアル．医学書院．）

福井信佳・橋本卓也（2015）知的障がい者の離職要因に関する研究．日本職業・災害医学会誌，63 (5); 310-315.

厚生労働省（2019）平成 30 年度障害者雇用実態調査．

小川浩（2000）重度障害者の就労支援のためのジョブコーチ実践マニュアル．エンパワメント研究所．

小川浩（2001）重度障害者の就労支援のためのジョブコーチ入門．エンパワメント研究所．

小川浩（2012）障害者の雇用・就労をすすめるジョブコーチハンドブック．エンパワメント研究所．

田中敦士（2007）知的障害の定義．In：高齢・障害雇用支援機構編：障害者職業カウンセラー厚生労働大臣指定講習テキストⅡ―6　職業別の職業問題：知的障害編．独立行政法人高齢・障害・求職者雇用支援機構．

第8章

精神障害者を取り巻く心理社会的課題

高橋美保

⚬━ Keywords　精神障害者，心理社会的課題，国際生活機能分類（ICF），
　　　　　　　　スティグマ，共生

I　精神障害者と心理社会的課題──公認心理師とのかかわり

1．心理社会的課題とは

　精神障害者は，精神保健福祉法では「統合失調症，精神作用物質による急性中毒又はその依存症，知的障害，精神病質その他の精神疾患を有するもの」とされているが，障害者基本法では「精神障害があるため，継続的に日常生活又は社会生活に相当な制限を受ける者」とされている。つまり，障害者基本法では精神疾患を有する者であるだけでなく，それによって生活上の制約を受けるという点に精神障害者が抱く心理社会的課題が重視されていることがうかがわれる。

　また世界保健機関（WHO）が2001年に採択した国際生活機能分類（ICF）の枠組みでは，障害は生活障害（身体機能・構造，活動性，社会参加）と背景因子（環境因子と個人因子）の相互作用の関係にあるものとされている（厚生労働省，2002）。障害とは医学的な疾患によって生じる機能障害や活動性の低下だけでなく，社会参加の制約を含む概念とされていることから，上述の障害者基本法の定義に通じるものといえる。さらに，ICFでは障害は環境因子や個人因子と相互作用するとしており，精神障害者の心理社会的課題を理解し支援につなげる際には，環境因子と障害の相互作用に注目する必要がある。

2．精神障害と心理社会的課題の円環的関係

　ただし，ICFの概念は精神障害に限ったものではない。精神障害はさまざまな障害の中でどのように位置付けられているのだろうか。WHOが「病気が命を奪い生活を障害する程度を表す総合指数」として提示している障害調整生命年

（Disability-adjusted life years; Daly）で，精神疾患は先進国ではトップに位置する（WHO Disease & Injury Country Estimates, 2004）。日本でも2013年の医療計画から，従来重点的に取り組んできたがん，脳卒中，心臓病，糖尿病に精神疾患を加えており（厚生労働省，2012），精神疾患が深刻な障害と位置付けられていることが窺われる。

　これらは精神障害者を取り巻く心理社会的課題を，精神障害によって生活が障害されるという視点からとらえているといえる。例えば，うつ病という精神障害によって機能や活動が低下して，社会参加が制約されることがある。しかし，実際にはうつ病が起こる前に，家庭内での暴力や虐待・DV，学校でのいじめ，仕事での過重労働など生活環境や社会生活における心理社会的問題があり，それによってうつ病が引き起こされることもある。ICFでも環境因子と障害は相互作用の関係にあるが，特に精神障害の場合には，円環的因果律に基づいて理解する必要がある。つまり，精神障害は医学的な症状を伴うものの，その発生や症状化の帰結としてだけでなく，きっかけとして心理社会的要素が密接に関係している可能性がある。この点は他の障害とも異なる精神障害者に特徴的な点と思われる。したがって，治療や支援において，薬物療法などの生物学的な治療が必要であることは言うまでもないが，精神障害を有するがゆえに生じる心理社会的課題と同時に，障害を引き起こす心理社会的課題に目を向けずして，精神障害者の生きづらさの改善は望めないといえよう。

3．心理社会的課題と公認心理師の5つの支援領域

　円環的因果律に基づけば，精神障害者の心理社会的課題は，時間軸を含み，領域間，対人間で起こる連鎖と捉えられる。したがって，精神障害の心理社会的課題を理解するためには，一時期の生活領域だけでなく，発達段階という時間軸にも目を向ける必要がある。生活領域という空間軸と発達段階という時間軸に，公認心理師が支援を行う教育領域，医療領域，福祉領域，司法・矯正領域，産業領域の5つの領域を配したものが図1である。

　図1の左部分は発達段階と生活領域を示している。この中で，児童期・思春期・青年期の心理社会的課題は学校領域の公認心理師が現場で関わる。一方，成人期・中高年期の心理社会的課題は産業・労働領域の公認心理師が現場で関わる。つまり，公認心理師の5領域のうち，学校領域と産業・労働領域は公認心理師が「生活領域の中」で関わることができる。一方，医療，福祉，司法・矯正は発達段階や生活領域に関係なく，いつでも・どこでも関われるように社会に敷かれた「心

発達段階	生活環境	心のインフラ		
		生物的問題への支援	社会的問題への支援	
周産期		医療機関 〈医療領域〉	福祉行政機関 〈福祉領域〉	司法・矯正機関 〈司法・矯正領域〉
乳幼児期				
児童期	教育機関 〈教育領域〉			
思春期				
青年期				
成人期	就労機関 〈産業・労働領域〉			
中高年期				
老年期				

図1　個人の発達段階および生活領域と，公認心理師の支援領域の関係

のインフラ」といえる。医療は生物的問題に対する生物的アプローチを取り，福祉と司法・矯正は社会的問題に対する社会的アプローチを取るという意味でさらに細分化される。

　このように，公認心理師の心理的支援は発達段階の中で通過する生活領域の中で，あるいは社会システムの中に配置された心のインフラとして，人生や生活に組み込まれているといえる。ただし，乳幼児期から幼稚園や保育園に入園する子どもも多い。同様に，年金受給年齢が65歳に引き上げられている現在，就労期間も長期化しており，老年期の前半は就労していることも多い。そのため，教育機関および就労機関の区切りは曖昧であるが，図1はモデルに過ぎず，実際に当事者がどのような体験をするのかを重視することが重要である。

Ⅱ　精神障害者を取り巻く心理社会的課題

　精神障害者を取り巻く心理社会的課題は，どこでどのように起こるのだろうか。以下に，発達段階と生活領域を，1．教育機関に入るまで――周産期・乳幼児期，2．教育機関において――児童期・思春期・青年期，3．就労機関において――成人期・中高年期，4．就労機関以降――老年期，に分け，心理社会的課題によって引き起こされる精神障害と，精神障害によって生じる心理社会的課題を整理する。その中で，必要に応じて公認心理師が関係する領域を提示し，公認心理師のかかわりの可能性を示す。

1. 教育機関に入るまで──周産期・乳幼児期の心理社会的問題

　周産期・乳幼児期は子どもだけでなく子どもを産む母親や，子どもを育てる養育者が重要なキーパーソンとなることから，ここでは母親も当事者に含める。

①心理社会的課題によって引き起こされる精神障害

　周産期には胎児は母親の影響を受けて成長するが，この時期，女性の身体は大きく変化する。そのため，母親は不安や不眠，うつなどの症状を呈して精神障害が発症,再発しやすい。出産後も母親のホルモンバランスが変化することに加え，出産後の育児の大変さなどによってマタニティ・ブルーズや産後うつ病や産褥期精神病になることもあり，医療領域でも精神科だけでなく産婦人科のリエゾンが重要となる。

　母親の精神状態には,経済状況や家族の安定性といった生活環境も影響するが，昨今では核家族化により必要な支援を受けられず，一人でストレスを抱え込んで育児不安になることもあるため，福祉領域の見守り機能が重要となる。また，これには望んだ妊娠か，キャリアの葛藤の有無など，妊娠・出産・育児にまつわる個人の主観的体験が影響する。

　また，出産後の乳幼児期には，子どもは養育者との相互作用によって愛着を形成する時期でもあるが，中には愛着がうまく形成されず愛着障害が起こることもある。母親が感じる育てにくさの背景には，母親のパーソナリティや精神状態だけでなく，子どもの発達の偏りや気質が関係していることもある。また，子どもに器質的な問題がない場合にも，母親がわが子を他児と比較して過剰に自信を喪失したり，いわゆるママ友との人間関係に悩むなど生来のパーソナリティ傾向や対人関係のパターンが子どもを介して複雑に表れ，母親が精神的に不安定になることもある。これらは母子個々の特徴とその相互作用を見る必要があるため，地域の福祉や，必要に応じて医療など母子が無理なく接点を持てる領域で心理的支援を受ける必要がある。

②精神障害があることによって生じる心理社会的課題

　母親が精神障害で加療中の場合には，自身や子どもへの薬の副作用の影響も考慮した慎重な対応が必要である。周産期・乳幼児期は，母親の身体的・生理的な変化が大きく精神的に不安定になりやすいが，特に初めての妊娠・出産・育児は新奇体験であるだけでなく社会的責任も伴う大きなライフイベントである。さら

に，子どもという他者との密接な二者関係，配偶者も入れた三者関係を築くという，今までになく親密で複雑な人間関係を体験する。したがって，精神障害由来の脆弱性に加え，自我の確立や対人関係の問題などがある場合には，育児は一段と大きな負担となりうる。

　一方，子ども自身に発達障害傾向の可能性がある場合には，医療との連携や療育の検討が必要となるが，幼少期には症状がはっきりせず経過観察となることも多い。子どもの特性由来の育てにくさが，養育者の理解や適切な養育の妨げとなって虐待に発展すると，子どものPTSDやうつといった精神障害につながったり，心身の成長発達に影響を及ぼすことがある。これは母子間で，問題が円環的に影響し合って悪循環が起っている状態といえよう。さらに，上述の愛着障害や虐待は世代間伝達をしている可能性も視野に入れておく必要がある。妊娠・出産・育児期は社会とのつながりが乏しくなりがちな時期でもあり，問題が家庭内で密室化・深刻化しないような地域社会のサポートが必要となる。母子のどちらかに精神障害があれば医療が中心となるが，同時に福祉領域での見守りが重要となる。

2．教育機関において──児童期・思春期・青年期の心理社会的問題

①心理社会的問題によって引き起こされる精神障害

　子どもの精神障害は，子どもの成長や生活環境の変化の中で新たに生じたり，顕在化することがある。保育園や幼稚園などに入園し集団生活に入ることで，他児と比較・評価される機会が増えたり，協働性が求められる中で対人関係能力や知的能力について問題が顕在化することがある。さらに，児童期後期には抽象思考が可能となり，対人関係が複雑化する中で認知的・社会的発達が見られるようになるため，このタイミングで問題が起こることもある。この時期は集団生活の影響が大きく影響するが，依然として経済的にも精神的にも保護者に依存していることから，家庭内の不和や虐待，貧困などの家庭環境の影響も視野に入れる必要がある。

　このようなさまざまなストレスによって，子どもは場面緘黙や抜毛，うつや強迫障害といった症状や，暴力暴言や窃盗など反社会的行動による行動化，体調不良などの身体化など多彩な形で問題を呈する。中でもよく見られるのは不登校や登校しぶりである。その背景要因はさまざまであることから，教育領域の公認心理師は多面的に要因の精査をして心理的支援を行うとともに，必要に応じて医療・福祉領域につなげる必要がある。

　さらに，思春期は，第二次性徴という生物的変化，進路選択などの社会的変化，

親からの精神的な自立やアイデンティティの模索などの心理的変化が起こる年代でもあり，誰しもが精神的に不安定になりやすい。児童期の精神障害はいずれも思春期にも起こる可能性があるが，身体的・社会的にさらに発達しているため，問題が深刻化することがある。特に，非行や暴力などの反社会的な問題行動や薬物乱用などの犯罪につながりやすい時期でもあり，司法・矯正領域での対応が必要となる。また，摂食障害やリストカットなどの自分を傷つける行動化や，援助交際など性的逸脱行動に至る可能性もある。中には，アイデンティティの模索の中で性別違和を感じ，性同一性障害が表面化することもある。さらに，さまざまなストレスによって気分障害や統合失調症が発症しやすい時期でもある。思春期の精神症状は一過性のものもあり判断がむつかしいが，特に統合失調症は早期介入が重要となるため，早めに医療機関につながる必要がある。

　青年期は，大学進学や就職など大きな進路選択の時期であり，新たな環境への適応が必要となる。特に，大学のように組織化されない集団の中で自立的に生活を送ることにうまく適応できず，発達障害が顕在化したり，一人暮らしや大学生活などの環境のストレスなどからうつや統合失調症を発症することもある。さらに，就職活動で思うように就職が決まらない場合には，ストレスが高まって精神的に不安定なることもある。成長の機会でもあることから，学生相談などの教育領域で心理的支援を受けることが有効であるが，必要に応じて医療領域と連携する必要がある。

②精神障害があることによって生じる心理社会的課題
　発達障害がある場合には，学業や対人関係の躓きにより，自信を喪失したりいじめを受けて，気分障害などの二次障害に発展する可能性もある。また，発達障害だけでなく気分障害や統合失調症などさまざまな精神障害から，集団生活への適応が困難となり，不登校となって社会からひきこもることもある。それによって学業の習得が遅れたり，対人関係を含む社会経験が乏しくなり，一層家から出られなくなるという悪循環が起こる。不登校が長期化すると，希望する進学や進級がむつかしくなり，社会参加が制約されることもある。医療領域での対応をベースとしながら，必要に応じて当事者が所属する教育機関や家庭と連携する必要がある。ただし，教育機関から就労機関への移行がスムーズに進まない場合には，ニートやひきこもりとなることもあることから，福祉領域と連携して利用可能な社会資源を把握し，適切に活用することが必要となる。

3．就労機関において――成人期・中高年期・老年期の心理社会的問題

①心理社会的問題によって引き起こされる精神障害

　就職後，社会人生活や仕事のイメージと現実に乖離がある場合に，リアリティショックを受けることは珍しくなく，早期離職をする人もいる。新しい仕事や職場，会社への適応がうまくいかない場合だけでなく，逆に，頑張りすぎたり，長時間労働によってバーンアウトして，うつや躁うつといった気分障害や適応障害になることもあることから，産業・労働領域の公認心理師による早めの対応が有効である。一方，プライベートでも恋愛や結婚など他者と親密な関係を築いたり，家庭や子どもを持つというライフイベントを経験する時期でもあり，プライベートな生活領域も含めワークライフバランスの視点を持って支援する必要がある。

　中高年期は体力や能力の低下が始まる時期でもあり，更年期障害など加齢に伴う疾患もある。既婚者の場合には家庭では親世代と子ども世代に挟まれ，就職している場合には上司と部下の間に挟まれるサンドウィッチ症候群と呼ばれる状態となることからストレスが高まる時期である。特に昨今では中高年期の介護離職も増えており，仕事や人生のあり方を見直す人もいる。介護の他にも，育児やがんなどの病気といったプライベートな問題と就労の両立に葛藤を抱えることもある。こういった心理社会的な問題によって気分障害やアルコール依存症になる可能性がある他，心疾患や脳疾患などの身体疾患が起こる可能性もある。また，休職した場合には復職支援やリワークが重要となるため，産業・労働領域をベースにしながらも，必要に応じて医療領域・福祉領域との連携が必要となる。

　退職時期が後ろ倒しになりつつある現代社会では，老年期になっても就労することが増えている。一方で，少子高齢化による労働人口構成のいびつ化により，企業内のポストが不足しており職業生活におけるキャリア形成がむつかしくなっている。思うように昇進できない葛藤を抱える人もいれば，昇進によってうつになる人もおり，産業・労働領域ではキャリアも含めた心理支援が必要とされている。

　また，中年期以降は身近な友人や親の死を経験することが多くなるため，自分の人生を省みてアイデンティティの模索を始めるなど，いわゆる中年期危機が訪れる。これは生涯発達という点では健康的なことでもあり，産業・労働領域での丁寧な対応が有効である。ただし，自己の実存的な意味を問うて無力感や絶望感を抱く場合には，うつやアルコール依存症に陥ることもある。このような場合は自殺のリスクも高いため医療と連携する必要がある。

②精神障害によって引き起こされる心理社会的課題

　もともと発達障害傾向を有していても，教育機関にいる間は大きな問題にならず，自他に明確に認識されないこともある。しかし，就職活動中や就職後に，社会で常識とされることが理解できなかったり，コミュニケーションがうまくいかないことで発達障害傾向が顕在化して，就職できない，あるいは就職しても長続きしないことがある。

　また，精神障害が教育機関在学中に顕在化している場合には，雇用先に精神障害を伝えずクローズドで就職することもあれば，精神障害者保健福祉手帳を使って障害者雇用を選択するという方法もある。障害者雇用促進法には精神障害者の法定雇用率が定められており，2018 年 4 月から民間企業の法定雇用率は 2.0％から 2.2％に引き上げられた。障害者雇用実態調査（厚生労働省，2014a）によると，従業員規模 5 人以上の事業所に雇用されている精神障害者数は 48,000 人で，2008 年の 29,000 人に比べると確かに増加傾向にある。しかし，平均勤続年数をみると精神障害者は 4 年 3 月であり，他の障害（身体障害者 10 年，知的障害者 7 年 9 月）と比べて短いことから，継続就労が課題といえる。また，正社員は40.8％（内 8.8％は有期契約），1 カ月の平均賃金は 159,000 円であることから，経済的に安定した雇用とはいいがたい。ただし，ここで重要なことは精神障害者個人にとって無理のない働き方かどうかであり，雇用主には合理的配慮が求められる（詳細は後述）。

　一方で，精神障害者の中には就労せず，家にひきこもる人もいる。15 ～ 39 歳までのひきこもりの推定数は 2015 年では 54.1 万人に上り，40 歳以降のひきこもりも相当数に上ると推察されているが，その背景には精神障害があると指摘されている（齋藤，2010）。ひきこもり状態の精神障害者に対しては，一般就労だけでなく福祉的就労も含めたさまざまな段階的なサービスが必要となるため，福祉領域での細やかな就労支援が必要となる。

　また，この時期のライフイベントの一つに恋愛や結婚がある。厚生労働省の生活のしづらさなどに関する調査（全国在宅障害児・者等実態調査）（厚生労働省，2013）によれば，65 歳以下で精神障害者保健福祉手帳を持っている人のうち親と同居している人 65.7％であるのに対し，夫婦で暮らしている人は 25.4％，一人暮らしが 19.2％で親との同居が多い。データに子どもが含まれていることが影響している点は注意が必要であるが，精神障害者の生活保護の受給率は他の障害よりも高いことから，これには経済的問題などの生活の困難が関係している可能性もある。

一方，性同一性障害では恋愛や結婚が大きな心理社会的課題となる。昨今，同姓カップルの婚姻や子どもを持つことにまつわる法制度の整備や議論がなされているものの，生物・心理・社会レベルの生きづらさがあることから，どの領域で関わる場合にも多面的な支援が必要である。

4．就労機関以後──老年期以降

①心理社会的課題によって引き起こされる精神障害

　年金受給年齢の引き上げにより老年期にも就労する人が多くなっているが，就労継続でも，転職でも，地位や収入面でより良い条件での移行はむつかしい。経済的問題だけでなく，地位や役割の喪失によってアイデンティティの危機に陥ることもある。挫折感，無力感などからうつになったり，アルコール依存や自殺に至ることもあるため，就労している場合には産業・労働領域，離職している場合には医療領域での対応が必要となる。

　しかし，多くの人は遅かれ早かれこの時期に就労機関から離れ，家庭や地域社会の人として生活するようになる。また，専業主婦をして家庭や地域社会を生活の基盤として来た人も，子どもの巣立ちや夫の引退など家族の生活の変化を受けて生活が大きく変化することがある。このような生活の変化にうまく適応できず，家庭内での虐待（DV）やアルコール依存などの問題が起こることもある。

　さらに，寿命が長くなった日本社会では，75歳以降の後期高齢者としてどう生きるかも大きな問題である。心身の健康を崩し病気で苦しむ高齢者もいるが，病気には至らなくても，これまでできていたことがむつかしくなったり，配偶者や知人の死などさまざまな喪失体験を重ねることで心理的に落ち込んだり，社会的に孤立して自殺に至る場合もある。さらに，配偶者や身近な人が認知症になった場合に，介護が心身の負担となることもある。介護保険を使って公的支援を受けることはできるが，中には夫婦や親子の老老介護で疲弊してしまい，事件や自殺に至ることもある。就労機関を離れた後は，問題が家庭の中にこもりがちとなることから，福祉領域や医療領域とのつながりを保つことが重要となる。

②精神障害によって引き起こされる心理社会的課題

　老年期にはせん妄状態になったり，心気症や老年性うつ病，認知症などの精神障害が起こる他，身体疾患から来る症状精神病も起こしやすくなる。厚生労働省の患者調査によれば，65歳以上の精神疾患を有する外来患者数は増加傾向にあり，特に75歳以上は2011年には64.2万人であったが，2014年には84.9万人

と大幅に増加している（厚生労働省，2014b）。また，入院患者についても65歳以上の高齢者の割合が高まっており，2014年の調査では58%を占めている。特に認知症の増加が顕著であり，入院している精神障害者の高齢化が深刻な課題となっている。入院医療から地域生活への移行が志向されているものの，現実的には課題が多く，福祉領域における地域定着支援の強化が求められている。

■ III 精神障害者特有の心理社会的課題

ここまで，精神障害者を取り巻く心理社会的課題を，発達段階ごとに提示してきた。最後に，精神障害ならではの特徴に注目して，精神障害者の心理社会的課題を整理する。

1. "目に見えない障害"――スティグマと障害受容

他の障害と比して精神障害に特徴的とされるのが，"目に見えない障害である"という点である。精神障害者は外見からして障害があるかがわかりにくい。これが，どのような意味を持つかは個々の主観的体験にもよるが，環境から必要な支援を得にくい可能性がある。むしろ，障害がないことを前提に過度な期待や要求をされ，それに応えられないために誤解やトラブルが起こることもある。それがいじめにつながったり，能力否定や人格批判に至る場合には，自信喪失や自尊心の低下，ひいては抑うつといった二次障害を引き起こす可能性がある。このような目に見えないことで生じる心理社会的な問題に対しては，障害を自他に見える状態にする必要がある。そのためには，障害に対する自他の理解と受容が必要となる。

ここで問題となるのが，自他の理解と受容にまつわるむつかしさである。精神障害者は，かつては医療の管理下におかれて，社会から隔離・収容されるなど精神障害が社会から隠されてきたという歴史を持つ。つまり，地域社会から精神障害者が"目に見えない"状態とされてきた。そのため，見た目のわかりにくさだけでなく，社会から見えなくされてきたことによって精神障害者に対する偏見やスティグマが助長されてきたのである。

1995年の精神保健福祉法の成立により，精神障害者が施設から出て，地域社会で生活するノーマライゼーションが推進され，2014年には長期入院精神障害者の地域移行に向けた具体的方策の今後の方向性が示されている。しかし，日本の精神科入院患者数は国際的に見ても依然高い状況にある（厚生労働省，2014b）。

2003 年の『精神保健福祉の改革に向けた今後の対策の方向（精神保健福祉対策本部中間報告）』において精神障害の「普及啓発」が明文化され（厚生労働省，2003），2004 年には心のバリアフリー宣言が提案されたが（厚生労働省，2004），精神障害に対する正確な知識や理解の乏しさや一部の情報の過度の一般化から，依然としてネガティブな印象が抱かれることが多い。これが精神障害者に対して社会が抱くスティグマや偏見につながり，精神障害者の活動性の低下や，社会参加を阻害する環境因子となっている。

　このような状況に対し，2006 年に国連が採択した障害者の権利に関する条約では，障害がある人とない人の平等が掲げられ，合理的配慮義務が明記された。この条約は日本でも 2014 年に批准されたが，それに向けて 2011 年には障害者基本法が改定され，2013 年には障害を理由とする差別の解消の推進に関する法律（「障害者差別解消法」）が成立した。上述のように，精神障害は目に見えない障害であるため，まずはそれを可視化する必要があるが，そこで社会に期待されるのは差別ではなく，合理的配慮なのである。

　ただし，スティグマは社会が精神障害者に対して抱いているものだけでなく，精神障害者が自身に対して抱くセルフスティグマもある。精神科受診や精神障害者保健福祉手帳取得への抵抗や躊躇は珍しいことではなく，精神障害者が必要な支援につながることのハードルとなることもある。さらに，スティグマは精神障害者の家族も抱く可能性もあり，家族が同様の抵抗を示すこともある。その結果，現代でも私宅監置のような状況に置かれることもある。当事者やその家族が精神障害に対して抱くスティグマや偏見は"障害受容の葛藤"といえるものであり，障害に関する正確な医学的理解に加え，必要なサポート資源につながるための社会福祉制度の理解を高めるための情報提供と，喪失体験や自身のアイデンティティの確立といった心理的サポートなど，あらゆる領域が連携した包括的支援が必要となる。

２．共生社会に向けて

　現代の日本社会では精神障害者の地域包括ケアシステムが提示されており，共生社会が目指されている。共生社会の実現のために，誰が精神障害者を取り巻く心理社会的課題に取り組むべきだろうか。生態学的に考えるならば，個人と環境のフィットネス（適合）をいかに高めるかが重要であり，両側面からの働きかけが必要であろう。個人に対しては，リハビリテーションや療育，ソーシャルスキルトレーニングなどが有効となるであろう。また，教育機関の段階では特別支援

教育，就職機関の段階では就労支援が必要となる。支援者には応用行動分析や認知行動療法，TEACCH といった心理的な知識や技法が，養育者にはペアレントトレーニングも有効であろう。

　一方，環境への働き掛けも重要である。ICF では環境とは「家庭や職場，学校などの場面を含む個人にとって身近な環境」などの個人的なものと，「コミュニティや社会における公式または非公式な社会構造，サービス，全般的なアプローチ，または制度」などの社会的なものがあるとされている（厚生労働省，2002）。前者は，先述の差別の解消や合理的配慮などによる促進が期待される。一方，後者はよりマクロなコミュニティレベルの支援であり今後の整備が期待される。平成25 年度障害者雇用実態調査では，就労している精神障害者の 81.9％が将来に対する不安について「ある」と回答しており，中でも「仕事を続けられるかどうか」（71.5％），「老後の生活が維持できるか」（68.1％）が多くなっている（厚生労働省，2013）。就労している精神障害者ですら高い不安を抱いているとすると，未就労状態にある精神障害者の不安は一段と高いと推察される（厚生労働省，2013）。2018 年 4 月に改正された障害者総合支援法では，自立生活援助，就労定着支援が創設されたが，これらの生活や就労の支援が重要となるであろう。

　また，精神障害者の中には社会的引きこもり状態にある人も少なくない。社会との接触がない中で孤立しがちな精神障害者や家族が，社会と接点を持つためのピアサポートや家族会などの自助グループでの活動も有効であろう。また，未受診状態で社会参加していない精神障害者には，まずは社会につなげるアウトリーチが必要となる。

　国や自治体の制度や政策が目まぐるしく変化する中，公認心理師は精神障害者の人生のあらゆる発達段階で，あらゆる領域で関わる可能性がある。他の専門職と協働しながら，精神障害者の心理社会的課題を少しでも軽減できるような心理的支援をすることが求められている。

◆学習チェック表
□　精神障害者と心理社会的課題の関係性について理解している。
□　精神障害者が発達段階と生活領域で抱く心理社会的課題について理解している。
□　精神障害者ならではの心理社会的課題と共生に向けた課題について理解している。

より深めるための推薦図書

Charles, A. R. & Richard, J. G.（2006）*The Strengths Model: Case Management with People With Psychiatric Disabilities.* Oxford University Press.（田中英樹訳（2008）

ストレングスモデル―精神障害者のためのケースマネジメント．金剛出版．）

野末浩之（2012）こころ・からだ・くらし―精神障害の理解と地域生活支援．萌文社．

Sen, A. K.（1995）*Inequality Reexamined.* Russell Sage Foundation; Clarendon Press.（池本幸生・野上裕生・佐藤仁訳（1999）不平等の再検討―潜在能力と自由．岩波書店．）

田中英樹（2001）精神障害者の地域生活支援―統合的生活モデルとコミュニティソーシャルワーク．中央法規出版．

文　　献

厚生労働省（2002）国際生活機能分類―国際障害分類改訂版（日本語版）．http://www.mhlw.go.jp/houdou/2002/08/h0805-1.html

厚生労働省（2003）精神保健福祉の改革に向けた今後の対策の方向（精神保健福祉対策本部中間報告）．

厚生労働省（2004）心の健康問題の正しい理解のための普及啓発検討会報告書～精神疾患を正しく理解し，新しい一歩を踏み出すために．

厚生労働省（2012）医療計画について．

厚生労働省（2013）平成 23 年生活のしづらさなどに関する調査（全国在宅障害児・者等実態調査）結果．

厚生労働省（2014a）平成 25 年度障害者雇用実態調査．

厚生労働省（2014b）第 8 回精神障害者に対する医療の提供を確保するための指針等に関する検討会　平成 26 年 3 月 28 日参考資料．

齋藤万比古（2010）ひきこもりの評価・支援に関するガイドライン．LIT. 厚生労働科学研究費補助金こころの健康科学研究事業「思春期のひきこもりをもたらす精神科疾患の実態把握と精神医学的治療・援助システムの構築に関する研究（H19 －こころ－一般－ 010）．

WHO（2004）Disease & Injury Country Estimates. http://www.who.int/healthinfo/global_burden_disease/estimates_country/en/

発達障害者を取り巻く心理社会的課題

佐藤克敏

🔗 *Keywords*　環境因子，合理的配慮，ペアレント・トレーニング，認知能力，行動問題，自己理解，二次障害

■ I　発達障害に関する基本的な捉え方

1．法的な枠組み

　平成17（2005）年4月に施行された発達障害者支援法は，発達障害のある幼児から成人の総合的な支援について記した法律である。この発達障害者支援法の第2条第1項は，発達障害の定義を以下のように示した。

　「発達障害とは，自閉症，アスペルガー症候群その他の広汎性発達障害，学習障害，注意欠陥多動性障害その他これに類する脳機能の障害であってその症状が通常低年齢において発現するものとして政令で定めるものをいう」

　さらに，平成23（2011）年8月には日本の障害者基本法が改正され，平成28（2016）年8月には発達障害者支援法も改訂された。改訂された発達障害者支援法では上記に加え，

　「この法律において発達障害者とは，発達障害がある者であって発達障害及び社会的障壁により日常生活又は社会生活に相当な制限を受けるもの」

　という定義が加えられた。

　本改訂によって，発達障害者を社会的障壁があることにより，生活することが難しい状態にあるものとして定義付けたのは，ICFの障害の捉え方の影響である。また，社会的障壁を「日常生活又は社会生活を営む上で障壁となるような社会における事物，制度，慣行，観念等」と定義づけており，社会的障壁が意味するものはICFでいう環境因子の阻害要因と同義である。加えて，「障害者基本法」と「障害を理由とする差別の解消の推進に関する法律」では，「合理的配慮」を社会的障壁の除去と位置づけている。

表1　発達障害の主な障害特性

	行動の特徴	例：
自閉スペクトラム症	複数の状況で社会的コミュニケーションおよび対人的相互反応における持続的な欠陥がある 行動，興味，または活動の限定された反復な様式がある	興味，情緒，感情の共有の少なさ，視線を合わせることと身振りの異常，想像上の遊びを他者と一緒にしたり，友人を作ることの困難さ，仲間に対する興味の欠如など 常同運動，反響言語，柔軟性に欠ける思考様式，毎日同じ道順をたどったり同じ食べ物を食べたりすることへの要求，対象を過度に嗅いだり触れたりするなど
注意欠如・多動症	不注意および／または多動性－衝動性の持続的な様式で，機能または発達の妨げになっている	不注意（不注意な間違いをする，活動中に注意を持続することが困難である，学業，用事，職場での義務をやり遂げることができないなど） 多動性および衝動性（手足をそわそわしたりトントン叩いたりする，不適切な状況で走り回ったりする，じっとしていられない，他人を妨害し，邪魔するなど）
限局性学習症	学習や学業的技能の使用に困難があり，困難を対象とした介入が提供されても少なくとも6カ月間困難が持続している	読みの困難さ（不的確または速度が遅く，努力を要する読字，読んでいるものの意味を理解することの困難さ） 書きの困難さ（綴字の困難さ，書字表出の困難さ） 算数の困難さ（数字の概念，その数値，または計算を習得することの困難さ，数学的推論の困難さ）など

DSM-5 等を参考に著者改変

2．発達障害の障害特性と理解に関する視点

　主要な発達障害として，自閉スペクトラム症（以下，PDD，高機能自閉症等を含む），注意欠如・多動症（以下，注意欠陥・多動性障害，ADHD 等を含む），限局性学習症（以下，LD，学習障害を含む）が取り上げられることが多い。DSM-5を参考にして，自閉スペクトラム症，注意欠如・多動症，限局性学習症の障害特性を表1に示した。

　表1に示した内容はいわゆる障害特性である。しかしながら，法的にも位置付けられたように，発達障害を理解し支援を考える上で重要となるのは，中枢神経系の機能障害に起因する学業もしくは行動上の問題を状態像として示されている課題としてだけでなく，環境や周囲の対応によって状態像は変わるという視点で

あろう。目の前で示されている行動は本人側の要因だけに依存するものではない。学習しやすくなるように環境を調整し，本人の状態像に合わせた対応を工夫することで，適切な行動が学習されたり，学びやすくなったりする。そのため，問題となる行動や弱みのような否定的な側面だけではなく，得意とすること，できていること，強みなどの肯定的な側面に関する情報を整理し，本人が理解できるように支援することが重要である。発達障害に限られるわけではないが，肯定的な側面について知ることで子どもの見方が肯定的になったり，強みを活かした対応を本人も周囲も考えたりすることが可能となる。

II　幼児期における心理社会的課題

1．自閉スペクトラム症の共同注意，愛着行動

　自閉スペクトラム症の共同注意については，18カ月時点での自閉スペクトラム症の発達の共通点として，共同注意の得点が低いこと，共同注意の鍵項目となる叙述の指差し，応答の指差し，他者の苦痛への反応が欠如することが指摘されている（大神，2006）。自閉スペクトラム症の愛着行動については，生起しにくいことや発達過程が定型発達の子どもと異なる可能性があるとされている（高橋，2006；伊藤，2002）。伊藤（2002）は，自閉スペクトラム症の愛着行動について，要求を充足してくれる道具として養育者とそうでない他者を弁別しており，母親との愛着関係が深まることによって他者との対人関係が減少していく可能性があると述べている。このような自閉スペクトラム症の特徴は，言語発達やコミュニケーションの仕方に影響を与えるといわれている。

　しかしながら，共同注意や愛着行動は，関わり方によっては改善することが指摘されている。例えば，インガソール Ingersoll ら（2006）は，5名の自閉スペクトラム症と診断された幼児を自然な文脈での相互的な模倣をターゲットにした指導を行った結果，模倣の増加と般化が認められたこと，加えて全ての幼児の言語模倣および2名の幼児では自発的な言語，5名中4名の幼児に対して，ごっこ遊びと自発的に対象物と大人を見る調整された共同注意に改善が見られたことを報告した。また，李ら（2010）は，1名の自閉スペクトラム症幼児を対象とし，くすぐりや揺さぶり遊び，ボール遊びを中心とした情動的交流遊びを実施した結果，自閉スペクトラム症幼児との間に情動の共有が形成されたこと，情動の共有が深まると共同注意がみられるようになったことを報告している。

2．子育てをめぐる課題と対応

　発達障害のある小学生から高校生の子どもをもつ保護者と定型発達の子どもの保護者の養育スタイルを比較した研究では，発達障害のある子どもをもつ保護者の方が，肯定的関わりや相談・つきそいの得点が低く，叱責，育てにくさ，対応の難しさの得点が高い傾向があり，加えて子どもの問題行動や注意欠如・多動症の傾向が高いほど，その傾向が強くなることが報告されている（中島ら，2012）。このような子育てに対する保護者の負担感や子どもの行動を理解することに関わる難しさは，幼児期の段階から認められ，保護者の子育てに対する自信を喪失させ，親子関係を悪くする要因にもなる。

　保護者の子育てに対する相談や支援は，従来から保育所や保育園の教職員や専門機関の専門家などが，カウンセリングやカンファレンス，コンサルテーションなどを通して行ってきた。近年では，保護者の支援としてペアレント・トレーニングに関する報告が増えている。ペアレント・トレーニングは，応用行動分析学の理論を取り入れ，保護者が子どもの行動の見方や褒め方，適切な行動形成の仕方などを学び，家庭で実践して自身の対応を振り返ることを通して，子どもの理解の仕方や関わり方を学習する方法である。本山ら（2012）は，4歳から13歳の自閉スペクトラム症（12名）や注意欠如・多動症（12名）の幼児と児童を持つ保護者24名に対するペアレント・トレーニングの効果として，小児行動チェックリストによる行動評価で全ての行動尺度において改善が見られたこと，保護者の抑うつ度が低下し，養育自信度が22名で上昇したことを報告している。

Ⅲ　学校教育段階における社会心理的課題

1．特別支援教育の基本的枠組み

　特別支援教育は，特別な教育の場に限定しないで障害のある児童生徒の教育的ニーズに対応した教育を行うという理念に基づいたものである。多くの幼稚園，小学校，中学校，高等学校では，単独もしくは複数の教員を特別支援教育コーディネーターとして指名し，校内委員会を設置して学校として特別支援教育に取り組んでいる。加えて，近年では校内の教員以外のスタッフとして，「特別支援教育支援員」「スクールカウンセラー」「スクールソーシャルワーカー」が学校教育に関わるようになった。表2に特別支援教育に係る取り組みの概略を示した。特別支援教育では，必要に応じて個別の教育支援計画や個別の指導計画を作成し，担

表 2　特別支援教育の仕組み

名称	役割
校内委員会	障害のある幼児児童生徒の実態および教育的ニーズの把握と支援内容の検討およびその評価などを行う。また，幼児児童生徒の支援に関する内容の他にも，専門家チームに判断を求めるかどうかや校内研修の計画内容なども校内委員会で検討される
特別支援教育コーディネーター	校内委員会の企画・運営，学校内の関係者や関係機関との連絡・調整をしたり，保護者に対する学校の窓口となる役割を果たしたりする教員である。校務分掌として明確に位置づけられる
特別支援教育支援員	特別な教育的ニーズのある幼児児童生徒の日常生活城の支援や学習支援，学習活動や教室間移動等の支援等の直接的な支援と周囲の児童生徒等への理解の促進などの間接的な支援を行う
スクールカウンセラー	児童生徒や保護者のカウンセリングや児童生徒等を対象とした困難・ストレスへの対処方法等の教育プログラム，教員に対する心理カウンセリングやカウンセリングマインドに基づく児童生徒対応等の研修を実施する
スクールソーシャルワーカー	問題のある児童生徒等の家庭・友人関係・地域等の環境に関する情報を収集し，関係機関等とのネットワーク等を活用して環境に働きかけることで問題解決を図る
個別の教育支援計画	障害のある子どもを生涯にわたって支援する観点から，一人一人のニーズを把握して，関係者・機関の連携による適切な教育的支援を効果的に行うために作成する。計画の中に合理的配慮の内容を明記することが求められる
個別の指導計画	個々の児童生徒の実態を的確に把握し，個々の実態に即した具体的な指導目標とその目標を達成するための指導の内容や方法を明確にし，日々の授業で生かしていくために作成する

　任が障害のある幼児児童生徒の対応を抱え込まないで，学校としてチームで対応することが求められる。

　しかしながら，通常の学級での配慮や対応だけでは発達障害のある児童生徒に対して十分ではない場合が多い。児童生徒のニーズによっては，通級による指導や情緒障害学級などの特別支援学級を活用することも必要となる。通級による指導や特別支援学級では，通常の学級よりも少人数もしくは個別的な指導ができ，通常の学級の教育に含まれない自立活動の内容を取り扱うことができる。自立活動とは，障害による学習上または生活上の困難を主体的に改善・克服するために必要な知識と技能，態度，習慣を養うことを目的とした指導領域である。指導内容には，健康の保持（例：障害の特性の理解と生活環境の調整に関することなど），心理的な安定（例：障害による学習上または生活上の困難を改善・克服する意欲

に関することなど），人間関係の形成（例：他者の意図や感情の理解に関すること
など）などがある。

2．学業の困難と対応

LD（学習障害，限局性学習症）は，読み，書き，算数に著しい困難を示す障害
である。読みの障害はディスレキシア（Dyslexia）ともいわれ，音韻認識の障害
の結果として生じるデコーディング能力の障害であるといわれている。書字障害
は，読み障害に伴う書字の障害や視空間認知能力や微細運動機能の弱さに伴う書
くことの困難さなどがある。また，算数傷害は，算数固有の能力だけでなく，算
数能力に関連する一般領域（domain-general factor）の問題が困難さに関与して
いるといわれている（Kucian et al, 2015）。

LDの児童生徒への指導は，認知能力の偏りや処理過程を配慮して行われること
が多い。例えば，WISC-IV（Wechsler Intelligence Scale for Children, 4th Edition）
や DN-CAS（Das-Naglieri Cognitive Assessment System），K-ABC-II（Kaufman
Assessment Battery for Children, 2nd Edition）などの認知機能検査を用いて，児
童生徒の認知特性を明らかにし，視覚認知が弱い場合には言語化しながら文字を
覚えるように指導したり，ワーキングメモリーが弱いのであれば，短く簡潔な指
示をするようにしたり，指導においてステップを多くしないなどの指導や配慮が
考えられる。また，読み（もしくは書き）について，二重ルートモデルやトライ
アングル・モデルに代表される情報処理過程モデルが提唱されており，これらは
音韻表象，意味表象，文字表象を経由する情報処理過程モデルである。後藤ら
（2011）は，ひらがな文の音読に困難を示す限局性学習症の児童が，視覚性語彙
の形成を目的とした読み指導を行うことで，流暢に読める文節の数が増加したこ
とを報告している。このような研究成果は，音韻認識の弱い児童生徒の読み書き
の指導において比較的苦手としない（もしくは強い）視覚情報を用いた指導が有
効であることを示唆するものである。

しかしながら，指導によって全ての児童生徒の困難が十分に改善するとは限ら
ない。必要に応じてICT（Information and Communication Technology；情報通
信技術）機器を用いたり，困難を軽減するための合理的配慮を検討したりするこ
とも必要である。例えば，読みにおいて，文字を拡大する，読み上げソフトを利
用する，書字においてパソコンを用いて書くなどである。深谷ら（2016）は，公
立小学校3，4年生の国語の一斉授業場面を対象に，授業で読み困難を支援する学
習者用デジタル教科書ソフトを活用し，教科書をまとめる要約課題において，読

みに困難を示す児童が困難を示さない児童と同程度まで重要な情報の記述が可能となったことを報告している。

　また近年では，通常の学級において，ユニバーサル・デザインの取り組みが報告されるようになった。ユニバーサル・デザインは，特別支援教育の同様の視点を持ち，特別支援教育と連続する一つの取り組みとなる。例えば，学びのユニバーサル・デザイン（Universal Design for Learning）として CAST（Center for Applied Special Technology；米国の NPO 法人）が提唱している取り組みは，個人のニーズに対してカスタマイズされ，調整された柔軟なアプローチを志向するものである。学びのユニバーサル・デザインの例として，情報の提示では，音声情報だけでなく，多様な感覚モダリティを用いて提供することであったり，文字の大きさやコントラストを変更可能にして提供することであったりすることが含まれる。表出に関しては，手や声，スイッチであつかうことができるようにする，言葉や文書だけでなく，絵やイラストで表現するなど多様な方法を活用することなどがある。取り組みについては，本人の困難さのレベルに応じること，目標を具体化したり短期の目標に分割したりすること，予告やスケジュールなどを事前に見せることなどが示されている。

3．行動問題と対応

　行動上の問題については，行動特徴を理解するだけでなく，行動の機能を理解するために機能的アセスメントという方法を用いることが多い。機能的アセスメントは，応用行動分析学の理論に基づいて開発されたアセスメントである。ある行動は，その行動を起こさせる刺激が直前に提示されることにより起こり（先行事象），行動が起こった後の結果事象により制御されるという理論に基づいている。

　機能的アセスメントは，行動を生じさせる直接的なきっかけである先行事象（例えば，叱責された時であったり，難しい問題が提示された時など）を特定化し，行動を維持させる要因である結果事象（例えば，欲しいものを手に入れたり，嫌なことから逃れたりするなど）を特定化する。特定化された先行事象を提示しなければ行動は生じないことになり，同時に行動を維持させている結果事象と同じ機能を有するより適切な行動が生じるように対応すれば，問題とした行動が減少し，より適切な行動が生じるようになる。つまり，行動問題に対して，行動しないということを教えるのではなく，同じ機能を有するより適切な別の行動に置き換えるように働きかけることで行動問題の改善を図ることが可能となる。このよ

うに問題行動を抑制する方法ではなく，問題方法に替わる適切な行動を増やすことを目的として指導や支援を行うやり方は，積極的行動支援といわれている。このような機能的アセスメントを用いた行動問題へのアプローチの有効性については多くの成果が報告されている（例えば，馬場・佐藤・松見，2013）。

■ Ⅳ　青年期・成人期における心理社会的課題

　発達障害のある生徒は，中学校卒業後は進学を選択することがほとんどであり，推計で高等学校進学者全体の約2.2％であると報告されている（文部科学省，2009）。内訳では全日制課程で1.8％，定時制課程で14.1％，通信制課程で15.7％となっており，定時制課程もしくは通信制課程に在籍している割合は比較的高い。近年では，定時制や通信制の高等学校は，学びの受け皿として発達障害も視野に含めた多様な生徒に対する対応が求められており，学習面に関してだけでなく集団生活や人間関係づくり，コミュニケーションスキル等の育成も重要な取り組みとして認識されている。他にも，高等専修学校では，通信制高等学校と技能提携を結んでいたり，同系列の通信制に同時に在籍することができるようになっていたりするなど高等学校卒業の資格が欲しい受験生にとっての選択肢の一つとなっている。事前相談を実施することで学力検査を課さない学校もあるなど，入学に対するハードルも低く，入学してからも基礎学力養成の授業重視と資格取得，個別の指導計画の作成した支援やSST（Social Skill Training）の授業など発達障害のある生徒の学びに対する支援を実施している学校も少なくない。

　加えて，高校や大学の入試や入学後においても合理的配慮が提供されるようになった。大学のセンター入試では，平成23（2011）年度より障害のある受験生に対して「試験時間の延長（1.3倍）」「チェック解答」「拡大文字問題冊子の配布（一般問題冊子と併用）」「注意事項等の文書による伝達」などの受験上の配慮を実施している。入試においてこのような合理的配慮を提供されるためには，配慮申請書の他に，所定の診断書および状況報告・意見書を提出し，審査で認められることが前提となる。特に，書類の中で重視されるのは状況報告・意見書であり，高等学校等で行った配慮の有無やその効果が明示されていなければ，受験上の配慮は認められないこととなる。大学においての合理的配慮や支援の例をみると，障害学生を支援する部署を設置し，コーディネーターなどの専門の職員を配置している大学もある。配慮や支援内容には，「休憩室の確保」「実技・実習配慮」「注意事項等文書伝達」「教室内座席配慮」「チューターまたはティーチング・ア

シスタントの活用」「試験時間延長・別室受験」「講義内容録音許可」「解答方法配慮」「パソコンの持込使用許可」などがある。大学段階での発達障害のある学生への合理的配慮や支援には，修学を主訴とする内容が多いといわれている（丹治ら，2014）。

　発達障害のある生徒の中学卒業後の進路は，以前に比べれば選択肢が広がってきたように感じる。しかしながら，進路選択において発達障害のある中学生が自身の特性を理解して，より良い高校生活もしくは高校卒業後の生活を送れるように進路を選択しているかというとそうではない。鈴木ら（2014）は，発達障害のある中学生の高校への進学動機について検討し，発達障害が疑われる生徒の多くが，進学の動機が曖昧であることを指摘した。同様の傾向は大学段階でもみられ，自己理解や障害理解に基づく進路に関する支援が重要な課題となっている。栞木ら（2017）は，高校生や大学生の自己理解と進路選択に関する支援について文献を整理し，同年代の他者と関わることによる自己理解の深化，アルバイトやインターンシップおける実践など発達障害のある高校生・大学生自身の行動や考え方の変化による自己理解の深化，高等学校や大学の支援者などが発達障害のある高校生・大学生に自己理解を促す場面を設定することによる自己理解の深化の３つの過程があることを指摘した。また，自己理解の過程については，得意な面と周囲との違い，苦手分野の体験を把握し，実践と振り返りを繰り返すことが重要であると述べている。

▌Ｖ　二次的な問題や二次障害に関する社会心理的課題

　注意欠如・多動症の児童生徒の場合，学齢期になって，授業を落ち着いて聞くことができなかったり，忘れ物が多かったり，人の邪魔をするなどの行動上の問題を示す場合がある。このような行動が顕著であると，教員から叱責されるリスクが高いだけでなく，仲間からも非難され敬遠されるようになるリスクが高い。また，自閉スペクトラム症の児童の場合，他者と親密な関係が築けずに一人で過ごすことが多くなったり，周囲から変わった子どもと見られて仲間外れにされたり，からかいの対象となるリスクがある。一方，LD の場合は，学業の困難さや頑張ってもできないことが続く無力感から，自己効力感や自己有能感などが低下してしまうこともある。このような環境下での生活を長期間繰り返し経験すると，二次的な問題や二次障害を発症することがある。

　発達障害と不登校の関連について，小枝（2002）は，小学校では限局性学習症

29名中10名（34.5％），注意欠如・多動症43名中1名（2.3％）が不登校となっており，中学校では限局性学習症42名中25名（59.5％），注意欠如・多動症33名中13名（39.4％）であったことを報告した。また，加茂ら（2009）の調査では，中学校の不登校生徒218名中発達障害に関連すると思われる生徒が57名（26％）であり，自閉スペクトラム症が多いことを報告した。

松浦ら（2007）は，少年院に在院する14歳から16歳の少年546名についてスクリーニング調査を行ったところ，50％から60％の少年がLDサスペクト（LDの疑い）に該当し，注意欠如・多動症には80％の少年が該当していたと報告している。中村（2014）は，適応障害と診断された12歳以上30歳未満の患者58名の内，55.1％が自閉スペクトラム症と診断され，恐怖性不安，妄想，精神病症状，強迫症状，対人過敏，抑うつなどの精神症状を示す患者は自閉スペクトラム症の方が有意に多いと報告している。

また，本田ら（2016）は，18歳以上の自閉スペクトラム症のある人の保護者を対象とした調査から，親の負担感は統合失調症や高次脳機能障害等の精神障害のある人を介護している家族の負担感とほぼ同様の結果であり，二次障害があり日常生活上の援助が必要となるほど負担感が大きくなると述べている。

発達障害は，二次的な問題や二次障害を発症するリスクが高い特性を持っている。しかしながら，二次的な問題や二次障害は，環境要因との相互作用によって生じるものである。二次的な問題や二次障害を引き起こさないもしくは早期に状態象を軽減できるように，当事者の特性に合わせた環境調整や配慮，支援を行うことが求められる。

◆学習チェック表

☐　発達障害の心理社会的課題は本人の問題だけではないことを理解した。
☐　発達障害の基本的な特性と対応について理解した。
☐　発達障害に対する特別支援教育の取り組みについて理解した。
☐　発達障害の二次的な問題や二次障害の課題について理解した。
☐　発達障害の進路選択や自己理解の課題について理解した。

より深めるための推薦図書

日本LD学会編（2016）発達障害事典．丸善メイツ．

竹田一則編（2018）よくわかる大学における障害学生支援．ジアース教育新社．

柳本雄次・河合康編（2019）特別支援教育第3版——一人ひとりの教育的ニーズに応じて．福村出版．

文　　献

馬場ちはる・佐藤美幸・松見淳子（2013）通常学級における機能的アセスメントと支援の現状と今後の課題．行動分析学研究，28 (1); 26-42.

深谷達史・武長龍樹・巌淵守ら（2016）一斉授業におけるデジタル教科書の活用を通じた読み困難を支援する指導法の検討―小学3・4年生を対象として．LD研究，25 (2); 256-271.

後藤隆章・熊澤綾・赤塚めぐみら（2011）特異的読字障害を示すLD児の視覚性語彙の形成に基づく読み指導に関する研究．特殊教育研究，49 (1); 41-50.

本田浩子・斉藤恵美子（2016）発達障害者の親の負担感に関連する要因の検討．日本公衛誌，63 (5); 252-259.

Ingersoll, B. & Schreibman, L. (2006) Teaching reciprocal imitation skills to young children with autism using a naturalistic behavioral approach: Effects on language, pretend play, and joint attention. *Journal of Autism and Developmental Disorders,* 36 (4); 487-505.

伊藤英夫（2002）自閉症児のアタッチメントの発達過程．児童青年精神医学とその近接領域，43 (1); 1-18.

李熙馥・田中道治・田中真理（2010）自閉症児における情動交流遊びにおける共同注意行動の変化．東北大学大学院教育学研究科年報，58 (2); 213-216.

加茂聡・東條吉邦（2009）発達障害の視点から見た不登校―実態調査を通して．茨城大学教育学部紀要（教育科学），58; 201-220.

小枝達也（2002）心身の不適応行動の背景にある発達障害．発達障害研究，23 (4); 258-266.

Kucian, K. & Aster, M. von (2015) Developmental dyscalculia. *European Journal of Pediatrics,* 174; 1-13.

桑木裕貴・苅田知則（2017）発達障害のある高校生・大学生の自己理解，進路選択の支援に関する文献調査．*Journal of Inclusive Education,* 3; 38-49.

松浦直己・橋本俊顕・十一元三（2007）少年院在院生における認知的特性の調査．LD研究，16; 95-105.

宮本信也（2014）発達障害に関する主な変更―分類・基準は変わっても子どもは変わらない．発達，139; 8-14.

文部科学省（2009）高等学校における特別支援教育の推進について―高等学校ワーキング・グループ報告．

本山和穂・板坂哲応・長岡珠緒ら（2012）発達障害児の養育に困難感を抱く母親に対するペアレントトレーニングの効果．脳と発達，44 (4); 289-294.

中島俊思・岡田涼・松岡弥玲ら（2012）発達障害児の保護者における養育スタイルの特徴．発達心理学研究，23 (3); 264-275.

中村尚史（2014）思春期，青年期における広汎性発達障害を背景にもつ適応障害患者の臨床的特徴．川崎医学会誌，40; 1-11.

大神英裕・実藤和佳子（2006）共同注意：その発達と障害をめぐる諸問題．教育心理学年報，45; 145-154.

鈴木英太・相澤雅文（2014）「特別な支援が必要な生徒」における高校進学動機に関する研究．LD研究，23 (2); 207-214.

髙橋修（2003）乳幼児期の自閉症療育の基本．そだちの科学，1; 27-33.

丹治敬之・野呂文行（2014）我が国の発達障害学生における支援方法および支援体制に関する現状と課題．障害科学研究，38; 147-161.

第10章

身体障害者への必要な支援

香野　毅

☞ *Keywords*　身体障害者，ICF，アセスメント，障害受容，家族支援，ニーズ，発達支援，療育，コンサルテーション

■ I　身体障害者へのアセスメント

　身体障害者への支援においては，あらゆる支援と同様に，クライエント理解のためのアセスメントが重要であり，支援のはじまりに位置づけられる。アセスメントには，図1のように基本情報，願いの聴取，実態把握といった内容が含まれる。これらの内容が統合され，目標の設定や支援方法の決定がなされていく。

　基本情報は医学的な情報，成育歴や家族状況，関係している機関といった内容である。願いとは，本人および家族（場合によっては教師や職員）が持っている希望である。大別すれば，こうなりたい，こういうことができるようになりたいという希求的な願いと，これはなくなってほしい，減らしてほしいといった困り解消的な願いに分けることができる。臨床像には，障害特性，発達状況，能力，生活実態といった幅広い内容が含まれる。

　身体障害者へのアセスメントにおいても，他の障害同様に生物心理社会モデル（Bio-Psycho-Social Model）の視点からの理解が求められる。生物学的モデルでは，身体障害をもたらしている疾患や原因について理解される。身体障害の場合，その原因となる疾患は多様であり，すべての病理や症状などを事前に知識として持っておくことは不可能であるが，担当するクライエントについては，その都度必要な知識を入手することになる。例えば，疾患の一般的な予後や治療法，その

図1　アセスメントに含まれる内容

信頼性などを知っておくことは，多面的に支援を考えるうえで有用である。心理学的モデルでは，行動や認知，情動，コミュニケーションといった側面が理解される。その際には ICF における活動因子の評価でも用いられているような「できる（能力）／している（実行状況）」の 2 つの観点からの理解が有効である。いわゆる能力としてできる，獲得していることと，それを日常の文脈で使用している，発揮していることは必ずしも一致しない。とりわけ身体障害者の場合，そのギャップが小さくないことが多い。例えば肢体不自由者において，リハビリのときには数秒立位が保持できても，それが生活のなかで活用されていないことがある。あるいは聴覚障害者の聴力活用においても，ある程度は聞き取れるとしても，コミュニケーション場面では手話や文字といった代替手段が選択されることがある。後述する発達検査等では「できる／できない」で評価することが多いが，それだけでなく実行状況から評価しておくことも求められる。社会学的モデルでは，生活状況，社会との関わり（参加），その人を取り巻く環境や制度といったことが理解される。身体障害者の場合，障害の種類や程度が同様であっても，個々の生活状況や参加のあり様については個人差が大きい。それは彼らの活動や参加が環境の影響を受けやすいことに起因する。例えば，車イスでの外出はバリアのない環境では可能だが，段差があれば途端に難しくなる。しかしそこに介助者が介在すれば，実現可能性が高まる。視覚障害者においても，既知のエリアでの移動は可能でも，新規なエリアをガイドなしに移動することは容易ではない。あるいは内部障害者では，必要が生じた際の医療的なケアや対応が用意されているか否かでその生活は大きく左右される。物理的環境，人的資源，制度といった幅広い観点からの理解が求められる。

1．種々の検査を用いたアセスメント

　身体障害者へのアセスメントでは，種々の心理検査が用いられる。心理検査によるアセスメントは，医療，教育，保健・福祉，矯正などの領域では心理職の主たる業務の一つである。

　子どもの場合は，発達検査を行うことが多い。多くの発達検査は，運動，言語，認知，社会性（対人関係），身辺自立などの複数の領域について，標準的な発達を基準にその到達状況の測定を行う。身体障害者の場合，その主症状に関連する領域は遅れ（弱さ）を呈することになる。肢体不自由ならば運動面，視聴覚障害ならば認知面の発達が遅れる。さらにはそれぞれの領域は，年齢が低いほど相互連関性が高い。そのため主症状が直接関係する領域以外においても遅れをみせるこ

とが少なくない。例えば運動における姿勢や手の動きの制限は認知発達と密接に関係している。視覚認知に制限があればそれは言語の獲得に影響をおよばす。このような相互連関を意識しながら，発達検査を用いて全体像を把握することとなる。

　知能の測定もアセスメントにおいては必要になるが，一般的な知能検査を身体障害者に用いることは難しい場合がある。WISCやビネー法などの知能検査では，事物操作や速度を計測する課題が含まれている。身体障害や視聴覚障害がある場合には，これらの課題実施が難しくなるわけだが，その難しさを知能の水準によるものと判断するのか，運動や知覚の制限によるものと判断するのかなど，検査の解釈に信頼性の問題が生じることがある。よって測定されたIQや精神年齢などの数値が，そのクライエントの知的能力に対して，どの程度信頼性をもっているのか，慎重にならざるをえない。そこで行動観察や聞き取りなどの情報をあわせて，知的水準を測定することになる。

　身体障害者に対して，知覚・認知機能の検査を行うこともある。視聴覚障害の場合は，視力や聴力の生理学的検査に加えて，視機能，聴機能の測定を行う。また肢体不自由者においても，脳障害を原因とする場合はもちろん，そうではない場合も，知覚認知に制限を持っている場合が少なくないことから，認知面のアセスメントが必要になる。例えば視覚機能では，図地判断や形の恒常性，空間把握，細部見分けなどについて特性を理解することは，クライエントの支援に有用である。

　昨今では，Vineland-IIによる適応行動のアセスメントを行うことが増えてきている。Vineland-IIは，日常生活への適応について評価する「適応行動評価」と，問題となっている行動を評価する「不適応行動評価」から構成されている。さらに適応行動評価は，「コミュニケーション」「日常生活スキル」「社会性」「運動スキル」の4つの領域を含んでいる。今後，身体障害者に対しても，幅広い分野で活用され，データが蓄積されることが期待されている。

　現在では，多くのアセスメント・ツールを利用できるようになり，目的に応じてアセスメント・ツールを選択し，組み合わせることが可能になった。初期のスクリーニングや障害特性の測定，認知や知能の特徴把握，適応行動や生活状況の把握，また治療や指導支援の効果測定などの目的に対して，選択，利用することが求められている。

2．ニーズの聞き取り

あらゆる支援において本人の語る自分についての問題や困り事，具体的な目標や目指す生活といったニーズは最優先に把握される。身体障害者においても，個々に固有のニーズを有していることはいうまでもない。丁寧に聞きとることそのものが，支援の第一歩である。

一方では，身体障害者の場合，その障害の程度や種類によっては，本人からの語りが充分に得られないこともある。それは意思表出の制限に加えて，生活経験の制約，選択可能な生活について取り入れられる情報の少なさなどから，本人が目指す生活像を思い描くことが難しいこともある。例えば，先天性の重度の視覚障害者では得られる情報は視覚以外の音声などの情報に変換されたものに限られる。この情報の制限は，描く生活像にも影響をおよぼすだろう。重度の肢体不自由者では，移動や生活行為に常に介助が必要となる場合がある。このことは本人の意思だけでは実現しない活動もあることを意味している。このように身体障害があるということは，本人がニーズを持つことそのものに影響する。

そこで家族や保護者からニーズを聞きとることがしばしば行われる。必ずしも本人のニーズ＝家族の持つ子どもへのニーズではないが，生活を共にし，さまざまな役割を担っている家族だからこそ，語れるニーズでもある。本人，家族それぞれから，ニーズの聞き取りを進めることとなる。

3．その他のアセスメント

その他には観察などもアセスメントの一つとなる。直接関与しての観察，場を共にしての観察などがあるが，やはり直に感じ取った情報はアセスメントに欠かせない。自分とのかかわりの中で生じた，表情，身振り，眼差し，やり取りといった実感をともなう情報がアセスメントに加わることが望ましい。

また，関係機関からの情報を得ることもアセスメントの一部である。身体障害者の場合，医療をはじめ多くの機関に関わっている。各機関が持っている情報を収集することも欠かせないアセスメントの一つだろう。

■ II 支援やアプローチ

身体障害者への心理職の立場からの支援は，その目指すところでいくつかに分けることができるだろう。またその方法は，直接的な支援と間接的な支援など，

いくつかの観点で整理することができる。重複することも少なくないが，それぞれについて代表的な支援について紹介する。

1．発達支援や療育

　身体障害者の年齢が低い場合には，発達支援や療育が一つの目指すところとなる。身体障害児では，運動，言語，認知，コミュニケーションなど複数の領域が支援の対象となることが少なくない。ひとくちに発達支援といっても，その方法は多岐にわたる。例えば言語を例に取れば，直接的に子どもと関わりながら言語の学習習得と表出をうながす方法もあれば，遊びの中でやりとりしながら，活性化した場において言語を引き出そうとする方法もあるだろう。さらには保護者に対して，言語面を話題として，日常のなかでの関わり方について相談を受けたり，アドバイスしたりする方法もある。これらの方法を「伸ばす発想」に基づく支援だとすれば，「補う発想」に基づく支援もある。例えば児の持っているコミュニケーションの力をカード等の視覚ツールに変換したり，VOCA（Voice Output Communication Aid）などのコミュニケーションツールの活用を紹介したり，仲介するような代替拡大コミュニケーション（AAC）も支援の一つである。「補い」と「伸ばし」は対極にあるわけでなく，代替ツールを用いたコミュニケーションによって，他者に伝わる体験が，別の手段の獲得を動機づけ，結果的に言語面が伸びることなどは，しばしばみられる現象である。

　整理すると，ねらいとなる発達領域を中心に直接的にアプローチする方法，遊びなどを通してそこに含まれる発達領域を引き出そうとする方法，保護者を通して日常的に支援する方法，代替的な手段を提案する方法などをあげることができる。このような方法を適切に選択し，身体障害者に対して運動，認知，社会性などの領域について発達支援を行うこととなる。

2．生活支援

　身体障害児の場合，生活行為の自立や社会生活への参加は本人にとっても，保護者にとっても主要なニーズの一つである。生活行為では，衣服の着脱，食事，排泄，入浴，睡眠などが主なところである。香野（2010）は，肢体不自由者を対象に，生活行為の自立度と諸能力との関係について179名の肢体不自由者を対象に調査研究を行っている。その結果，生活行為の自立度には「表出」「運動」「年齢」といった要因が影響をおよぼしており，特に「表出」はあらゆる生活行為に強い影響をおよぼしていた。つまり生活行為の自立とは，単にそれがひとりで遂

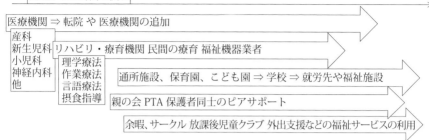

図2　ある身体障害者が関係する機関とその推移

行できるということだけでなく，行為を選択したり，必要な援助や介助を求めたりすることができることを意味している。その意味では，生活行為の支援とは，保護者を代表とする介助者との関係づくりという側面もある。生活行為の支援において，独力での遂行だけを目指さないで，周囲との関係づくりという視点を持っておくことは重要であろう。

　同じような視点は，外出や余暇活動，就労，公共機関の利用といった社会生活への参加においても重要であり，家族の援助，地域資源の活用，公的サービスの利用といったことを視野に入れた支援が求められる。そのためには福祉制度や利用の実際などについて，関心を持っておくことが必要である。

3．コンサルテーション

　コンサルテーションとは，異なる専門性をもつ者同士が，援助の対象となる問題について，支援のあり方などについて話し合うプロセスを意味している。心理支援の領域では，クライエント本人とその家族，教師や専門機関のスタッフなどが話し合うことを指している。支援のあり方を検討するには，情報の共有といった段階も含まれており，この段階からコンサルテーションということもできる。身体障害者においては，医療機関をはじめ複数の機関が関わっている。複数の立場の異なる関係者が，ひとりのクライエントやその問題について話し合う場を設けることこそが大きな支援となりうる。

　ところでこれらの関係機関は年齢進行に応じて，少しずつ変動していく。ある脳性麻痺者を例にすれば（図2），生後間もなくは産科や小児科といった医療機関が中心で，そこに機能訓練（リハビリ）が加わっていく。幼児期になるとそこに通所施設や地域の幼保こども園なども加わる。家庭によっては，民間の療育機

子どもの育ちを支える療育者，ティーチャー

子どもと遊びや余暇を共に過ごすパートナー

子どもの意思決定を代理できる主体者

子どもに衣食住他を提供する生活支援者（保護者）

自身もひとりの生活者（過去を持って今を生きている）

図3　保護者の役割の階層イメージ

関を利用する場合もある。そして学校入学を機に，学校が中心機関になり，そこに医療と児童発達支援センターなどの通所施設が併用されていく。保護者が親の会に入ったり，子どもが放課後等デイサービスの利用を始めたりもする。さらに年齢があがっていくと，余暇のためのサークルが加わることもある。成人期をむかえると，医療機関では転院や追加する必要も生じ，機能訓練をねらいとしたリハビリの機会は少なくなっていくことが多い。そして学校卒業を期に，大きく変動し，就労先や福祉施設が主たる機関となる。このようにライフステージによって，連携する機関は移り変わっていく。心理職には，その時々で必要な機関を提案したり，機関間の連携をコーディネートしたりしていくことが求められる。そのときに将来的な予測の視点を持っておくことはコンサルテーションにおいて有効に働くであろう。

4．家族支援

　身体障害者の家族は，当事者を支援する立場とともに，支援を受ける立場をあわせもつ。支援する立場では，先述したような発達支援や生活支援の担い手としての役割がある。この他にも，衣食住を提供する保護者の役割，遊び相手の役割，子どもの意思決定を代行する（例えば，就学）役割など，その役割は多岐にわたる。これらの役割を不足なく務めるには，家族自身の心身の健康や生活の安定など土台となる基盤が築かれていることが欠かせない。家族成員も一人ひとりの個人であり，当たり前のこととしてそれぞれに人格と日々の生活を持っている。このような家族の持つ役割は階層的なイメージで整理することができる（図3）。下位層の役割が機能しないときには，家族への支援の必要性が高いと見立てる必要があるだろう。

　加えて，身体障害者を家族に持つことが支援ニーズを高めることもある。その一つは，保護者における子どもの障害の「受容」である。障害を持つ子どもの誕

表1　きょうだいがもつ3つの制限と抱きやすい思いや疑問

情報	なぜ○○できない？　自分もいつか？　なぜ病院に？　なぜ学校が違う？　聞いていいの？
共有	きょうだいのことを友達に話しにくい，話題にしていいの？　家に友達を呼べない，共感してくれる友人がいない
生活経験	旅行や外出に行けない，やりたいことを口に出せない，親に自分のことをやってもらうことを遠慮してしまう

生や中途障害を持つことは，健康であるわが子の（あるいはそのイメージの）喪失体験ともいわれる。保護者の障害受容に関しては段階受容説や慢性的悲哀説などいくつかのモデルが提示されているが，いずれにしても多大な労力と時間のかかるプロセスである。中田（2002）は，障害受容とは本来個人的なものであり，個人の主体性に委ねるべきであると述べている。これはただ何もせずに見守るということではなく，個別性と主体性を尊重しながら，いかにこのプロセスを支援するかを問うている。家族とともに，「受容」というテーマそのものを扱うのか，それとも現にある一つひとつの生きにくさに対応していくのか，将来的な希求を語り合うのか，家族内の理解調整を図っていくのか，その支援の仕方，寄り添い方も多様であろう。さらには，家族には父親，母親，祖父母，きょうだいその他がいる。受容のプロセスの支援においてはこの一人ひとりの個別性と主体性が尊重されるべきであることはいうまでもない。家族を集団として理解し，支援することと，家族成員個々への理解と支援が求められる。

　ここできょうだい支援について取り上げておきたい。障害のある同胞（障害者を指す）をもつきょうだいには「情報」「共有」「生活経験」の3つの制限があるといわれる（表1）。「情報」は同胞の障害や疾患についての知識とそれを入手することの制限である。例えば，同胞の状態がなぜ生じているのか，なぜ病院に行くのかといったことを保護者に聞くことができないことなどである。「共有」は，家族と同胞の障害について話題にすることをためらう，友人に家族のことを話しにくい，話す内容に気をつかうなどである。「生活経験」は障害のある同胞の存在が，例えば家族での外出を難しくしていたり，きょうだいが遠慮をしたりすることである。これら3つの制限がきょうだいに少なからず心理的な影響をもたらすことは想像に難くないだろう。もちろん否定的な影響だけではないが，きょうだいもまた，支援を必要とすることを知っておかなくてはならない。

■ Ⅲ　障害を生きる

1．障害のとらえかた

　人は生涯どこかの時点で何らかの障害を持つことがほとんどである。ある特別支援学校の校長が，子どもたちのことを「障害者の先輩」と称していたが，得心したものである。障害を生きることは，「老い」と同じように，全ての人にとって避けがたいテーマである。

　当人や家族，そして支援者は，このテーマを前にして，あらためて「障害」とは何かが問われる。

　世界保健機関（WHO）による「国際生活機能分類」（ICF）の前身の「国際障害分類」（ICIDH；1980年に制定）では，機能・形態障害，能力障害，社会的不利の3つのレベルで障害をとらえようとした。ICFでは，その邦訳が示す通り障害という呼称が消え，生活という社会レベルでのとらえが強調され，環境因子という個人外因子も加わるなど，大きな変化が示された。昨今の障害の概念規定は，多因子の相互関連や階層性をイメージさせる。さらには，上田（1983）は障害には「体験としての障害」という第4のレベルがあることを指摘している。

　障害は，その表現の仕方に人々の捉え方の変化が読み取れる。例えば以前は「身体障害者」（障害ファースト）と表現したが，最近では「身体障害のある者，持つ者」（パーソンファースト）であったり，神経発達障害におけるスペクトラムの考えが広まるにつれて，「（特性の）スペクトラム上にある者」と表現したりすることもある。さらには主に当事者たちから，自分と障害は切り離すことはできない自分のアイデンティティの一部であるという主張もなされている（アイデンティティファースト）。また「障碍」や「障がい」といった表記もしばしばみられる。これら表現の移り変わりや選択は，時代の移り変わりともに，人が障害とのどのような関係であろうとするのかの答えでもあり，模索なのでもあろう。一時期，「障害個性論」という表現が，障害は個性の一部であるという意味でよく使われたが，この表現を利用すれば，現在は個性的障害論の時代といえるだろう。心理師の支援とは，一人ひとりの個性的障害論に耳を傾け，時に実現を援助したり，時に書き換えや更新作業を見守ったりするところにもあるのだろう。

2．障害受容（障害への適応）

　身体障害者へのリハビリテーション医学の第一人者である上田（1983）は，本

人の障害受容について「障害の受容とはあきらめでも居直りでもなく，障害に対する価値観（感）の転換であり，障害をもつことが自己の全体としての人間的価値を低下させるものではないことの認識と体得をつうじて，恥の意識や劣等感を克服し，積極的な生活態度に転ずることである」と定義している。障害受容とは複数の段階を経るものであり，一進一退もあるといわれる。障害受容とは長いスパンを必要とするものであり，クライエントはそのプロセスのある地点を生きていることを理解しなくてはならない。

　ではクライエントの「障害受容」を支援するとはどのようなことを指すのだろうか。それは，共有すべき現実的な目標となりえるだろうか。おそらくは，その時々の思いや考えに共感していくこと，日々の生活を支えていくこと，治療やリハビリを励ましや後押しすることなど，具体的な支援を重ねていくことしか現実的にはできないだろう。しかしそれが，結果として受容というプロセスによりそい，支援することになるのだろう。

　また上田は，価値の転換こそが障害受容の本質であると強調したうえで，患者に価値の変換をしてもらうためには，我々自身が自分の価値観を転換しなくてはならないと述べている（上田，1983）。クライエントがたどるプロセスに自分を重ねるだけでなく，自分のこととしてプロセスに臨む態度が支援者には求められる。

◆学習チェック表
- □　身体障害者のアセスメントについて理解した。
- □　身体障害者への支援の概要について理解した。
- □　障害受容について考えを深めた。

より深めるための推薦図書

　安藤隆男・藤田継道（2015）よくわかる肢体不自由教育．ミネルヴァ書房．
　独立行政法人国立特殊教育研究所（2005）ICF（国際生活機能分類）活用の試み―障害のある子ども支援を中心に．ジアース教育新社．
　上田敏（1983）リハビリテーションを考える―障害者の全人的復権．青木書店．

　　文　　　献

香野毅（2010）肢体不自由のある児童生徒における日常生活行為の自立度と諸能力との関係．特殊教育学研究，48(3); 201-210.
中田洋二郎（2002）子どもの障害をどう受容するのか．大月書店．
上田敏（1983）リハビリテーションを考える―障害者の全人的復権．青木書店．

第11章

知的障害者への必要な支援

奥住秀之

Keywords 支援, 知的障害概念, 就学前, 乳幼児期, 学齢期, 成人期

I はじめに

この章は, 知的障害のある人 (以下, 知的障害者) が必要とする支援について整理するものである。筆者が読者に伝えたいことは次の2点である。

第1に, 近年の知的障害概念を考えるうえで, 支援というキーワードがとても重視されていることを理解すること, 第2に, 就学前 (乳幼児期), 学齢期, 成人期という年齢成長段階に応じた主な知的障害支援について, その内容などを理解することである。

II 支援と知的障害概念

1. 知的障害支援の定義

最初に, 知的障害に関係する支援とは何かということから考えてみたい。ここでは, 『知的障害 第11版』(以下「第11版」) の定義および説明を引く。なお,「第11版」は, 米国知的・発達障害協会 (American Association on Intellectual and Developmental Disabilities; AAIDD) が2010年に発行した知的障害の定義, 分類および支援体系に関するもので, 邦訳出版は2012年である。

「第11版」によれば, 支援とは,「人の発達, 教育, 興味, および個人的な幸福を促進することを目的とし, 個人としての働きを高めるための資源と方策」とある。支援には「補助コミュニケーションなどの科学技術」的な水準から,「ジョブコーチなどの人々」の水準まで, 多面的なものが含まれており, 一人ひとりにおいて「評価された支援ニーズに基づいて, 人としての働きの改善, または個人

的受益をもたらすことを目的に提供」されるものとある。

　ここでいう支援ニーズとは，「知的障害のある人が一般的活動に参加するのに，必要な支援内容と手厚さを指す心理的な構成概念」であり，その強度は，「その時点における特殊なニーズだけではなく，継続する特別な支援内容と手厚さを必要とする」とされている。

　以上を簡潔にまとめると，知的障害における支援とは，発達，教育，興味，幸福等の促進を目的とした，一人ひとりの個別的なニーズに基づいた，個人としての働きを高める多角的・多面的な資源や方策である，となるだろう。

2．知的障害概念のパラダイムシフトと支援

　知的障害概念における支援への注目の発端は，「第11版」の2つ前の版である，1992年発行の『精神遅滞 第9版』（以下「第9版」）にさかのぼる。知的障害（精神遅滞）とは個人に備わった知的側面の機能障害であるという従来の考え方を抜本的に改めて，個人の資質（知能・適応スキル）と環境（家庭・学校・仕事）との相互作用による機能制約の状態である，そして機能制約の状態は支援の影響を受けるものであるという概念へのパラダイムシフトである。

　この概念は知的障害（精神遅滞）の分類にも大きな影響を与えた。すなわち，知能の高低を基本とした個人能力による軽度，中等度，重度，最重度という分類を改め，代わって，知能，適応スキル，情緒，健康などの複数の次元と領域で必要とされる，一時的，限定的，長期的，全面的という4つの支援レベルによる分類の提案である。分類基準が本人の資質・能力ではなく，機能状態に影響を及ぼす支援という外在するものであることが注目される点である。

　「第11版」においても，基本的な考え方は「第9版」を踏襲する。すなわち，「人としての働きの制約である」と知的障害を定義し，「人としての働き」に影響を及ぼすものとして知能，適応行動，健康，参加，状況の5つの次元を考え，そこに支援が重要な役割を果たすという概念である。

　「第9版」から脈々と続く本人の資質と環境との相互作用，そして機能に影響を及ぼす支援という知的障害モデルは，世界保健機関（WHO）が提案した国際生活機能分類（ICF）と重なるところも多い。ICFによれば，障害とは，健康状態と個人因子・環境因子との相互作用による身体機能・構造障害，活動制限，参加制約である。知的障害の定義（診断条件）は，知的機能の障害（制約）と適応機能（行動）の障害（制約）の両者が同時に成り立つことであるが，前者が身体機能障害，後者が活動制限に関係し，それらが参加制約に影響すると見ることもで

きるだろう。

3．医学診断マニュアルDSMにおける知的障害と支援

　医学診断はどうだろうか。DSM-5を例にとって考える。これは，アメリカ精神医学会（American Psychiatric Association; APA）が2013年に発行した精神疾患の診断基準・マニュアルの最新版で，邦訳出版は2014年である。DSM-5の1つ前の版はDSM-IVのテキスト改訂版（DSM-IV-TR）である。DSM-5とDSM-IV-TRとで決定的に異なることは支援の考え方である。

　DSM-IV-TRでは，知的障害（精神遅滞）の重症度をIQ（知能指数）によって軽度，中等度，重度，最重度と分類する。「第9版」より前になされていた本人の知的水準に注目した分類である。一方，DSM-5では，知的機能ではなく適応機能に基づいて軽度，中等度，重度，最重度と分類する。そして，本人の状態のみならず必要とする支援の領域や程度までも示されている。DSMは診断マニュアルであるため，本人の状態に関する条件がかなり厳格であるが，それでも支援という考え方が分類に影響している点で興味深い。

Ⅲ　就学前の知的障害支援

　ここからは，年齢段階に応じた支援について説明する。最初に就学前支援を見るが，この段階で特に重要となることは，知的障害の早期発見・診断と早期療育に関係する支援だろう。ただし，知的障害児の発見・診断の時期には大きなばらつきがあるため，学齢期以降での発見，診断ということがありうることは頭に入れておく必要がある。

　まず，出生して間もない時期の発見と診断である。代表的なものは21番染色体のトリソミーを主な原因とするダウン症候群などがあげられ，早期の確定診断の後に専門的な療育機関につながるケースが少なくない（ダウン症候群の診断については，倫理上の問題が指摘されている出生前診断もあるが本稿ではテーマから離れるので扱わない）。

　次に，乳幼児を対象とする健康診断での発見を見てみる。母子保健法に定められる乳幼児健康診断がまず注目される。市町村が実施し，満1歳6カ月を超え満2歳に達しない幼児を対象とするいわゆる「1歳6カ月健診」と，満3歳を超え満4歳に満たない幼児を対象とするいわゆる「3歳児健診」とがある。また，学校保健安全法に定められる，就学する前の年に市町村が行う「就学時健康診断」

における発見，そして就学相談・就学支援もあるだろう。

　また，幼稚園，保育園などの就学前教育・保育機関における保育士などによる気づきから子育て相談や医療・療育機関につながるケースも見られる。

　こう見ると，支援の対象は知的障害のある本人が中心ではあるが，支援の実施者が支援を受ける立場となりうることもわかる。例えば，保護者は家庭における子どもの支援者である一方で保護者支援を受ける存在でもあり，保育士は保育園における支援者である一方で専門家からの保育士支援を受ける存在でもあることがわかる。以上から，就学前で必要となる支援の主なものとして，以下の4点を整理する。

・第1に，障害の早期発見・診断の支援である。医療機関はもちろん，教育・保育機関，保健所・保健センター，子育て相談機関などが早期発見の鍵となるだろう。一方で，発達の遅れなどの気づきや発見は保育士などが行えるだろうが，障害の診断は専門医療機関でのみが行うものであることには注意すべきである。

・第2に，子どもの知的障害を保護者や家族が受けとめる支援，いわば障害受容の支援である。子育て相談の専門家，保健師，心理カウンセラーなどはもちろんであるが，同じ立場である障害児をもつ保護者によるピアカウンセリング（仲間による相談支援のこと）なども近年注目されている。いわゆる「親の会」などの重要性はこの点とも関連する。

・第3に，障害の治療や療育支援である。児童精神科の医師はもちろん，理学療法，作業療法，言語，心理，視知覚等の医療機関での治療・療育の支援がある。また，児童福祉法に定められた障害児通所支援の一つである児童発達支援には，各地域における中核的な役割を担う児童発達支援センターと，身近な地域に設置される児童発達支援事業所があり，日常生活スキル支援，コミュニケーション支援などが行われている。

・第4に，就学支援である。平成25（2013）年9月に学校教育法施行令一部改正がなされた。知的障害の程度が基準に該当すれば，特別の事情がある場合を除いて原則として特別支援学校に就学するという従来の方法を改め，障害の状態，本人の教育的ニーズ，本人・保護者の意見，教育学，医学，心理学等専門的見地からの意見，学校や地域の状況等を踏まえた総合的な観点から就学先を決定する仕組みへと変更された。市町村におかれたいわゆる「教育支援委員会」などが保護者や本人の意向を最大限に尊重した総合的観点からの就学支援が求

められている。最近では,「就学支援シート」などと呼ばれる就学前機関と学校との引き継ぎ資料を作成する市町村が増えてきており，円滑な就学と支援の引き継ぎのためにさらなる活用が求められている。

■ IV　学齢期における知的障害支援

1．小学校等の通常学校における知的障害支援

　小学校等の通常学校では,知的障害児の多くは特別支援学級で学んでいるが(高等学校では特別支援学級は未設置である),障害の種別や程度だけで単純に就学先を決定する仕組みでなくなったことも影響し，軽度の知的障害児が通常の学級に在籍することは稀なことではなくなりつつある。

　通常の学級で学ぶ軽度知的障害児に対しては,LD等の発達障害児に対する支援システムの活用が基本となるだろう。具体的には，特別支援教育コーディネーター，特別支援教育に関する校内委員会，専門家による巡回相談，個別の指導計画と教育支援計画の作成と活用，特別支援教育支援員の配置などである。

　特別支援教育コーディネーターは校内の特別支援教育推進のキーパーソンであり，その役割は大きく3点ある。第1に教育, 医療, 福祉等の関係機関との連絡・調整，第2に悩む保護者や担任教員に対する相談・助言，第3に特別支援教育に関する校内委員会や校内研修会の企画・運営である。知的障害児に対する支援を考えるうえでは，連絡・調整が特に重要で，特別支援学校や放課後等デイサービスなどとの連携が必要となる。

　特別支援教育に関係する校内委員会は，児童生徒の実態把握，個別の指導計画や個別の教育支援計画の作成や活用，具体的な指導・支援方法などを検討する委員会である。その中心は特別支援教育コーディネーターで，その他，教育管理職，養護教諭，当該児童生徒の担任教諭などが構成メンバーであるが，外部専門家であるスクールカウンセラー（SC）やスクールソーシャルワーカー（SSW）などが含まれることもある。知的障害児の支援を検討する場合には，地域のセンター的機能を担っている知的障害特別支援学校の特別支援教育コーディネーターの参加も重要な意味があるだろう。

　専門家による巡回相談とは，教育, 医療, 心理, 福祉などの外部専門家が学校を訪問して，授業見学や資料分析などを通して児童生徒の実態把握や課題分析などを行い，指導や支援に悩む教員に対して相談・助言等を行うものである。知的障害児を対象とする場合，先に述べた知的障害特別支援学校のセンター的機能の

活用も有効である。

　個別の指導計画と個別の教育支援計画の作成と活用については，前者は，障害のある児童生徒一人ひとりについての，学校における指導目標，内容，方法などの計画であり，担任教員等と保護者が協働して作成し活用する。後者は，障害のある児童生徒一人ひとりについて，将来を見通した一貫した支援を行うために，教育，医療，保健，福祉，労働などの関係機関が家庭と協働して作成し活用する。新しい学習指導要領では，特別支援学級に在籍する児童生徒，および，通級による指導を利用する児童生徒（知的障害児は制度上は対象ではないが）については，全員に両計画を作成し活用することが義務付けられ，また，通級による指導を利用していない通常の学級の障害のある児童生徒については両計画の作成と活用に努めることとなった。

　特別支援教育支援員は，障害児の介助や学習補助を行う専門人材である。子どもの個別的な指導の役割や，教室の「第二の」先生としての役割など，多様な在り方で子どもや教師を支援する。しかし，専門性向上の研修や，担任教員との連携時間の確保などが，必ずしも十分ではないのが現状である。

　さて，特別支援学級に在籍する知的障害児については，後述する特別支援学校における支援を参考にされたい。また，「交流及び共同学習」における支援については，特別支援教育コーディネーター，校内委員会，巡回相談，特別支援教育支援員の活用などが有効な支援につながるのではないだろうか。

　また，次の学校への進学や転校・転級の支援も重要な課題である。最近では「通常の学校から特別支援学校へ」という進学や転校のベクトルのみならず，「特別支援学校から通常の学校へ」という学びの場の柔軟な変更の重要性が指摘されるようになってきた。「進学支援シート」などの開発や活用も進められているが，必ずしも十分ではない。柔軟な転校や進級・進学のための支援の積み重ねが必要である。

２．特別支援学校における知的障害支援

　特別支援学校に在籍する知的障害児は，高等部を中心に年々増加しており，その支援は多岐に渡る。ここでは環境や道具の変更や調整による支援，教員間や専門家とのチームによる支援，キャリア・進路支援という３点を考えてみる。

①環境や道具の変更や調整による支援

　環境や道具の変更や調整による支援は，知的障害児の「できる」「わかる」を支

え，活動を広げるためのとても重要なものである。

　まず，時間的・空間的側面の構造化支援があげられる。構造化とは，わかりにくく混乱しやすい状況を整理してわかりやすくする工夫と言えるだろう。時間的構造化は，活動の見通しをはっきりさせて，いつまでに何をすべきかを明示するなどの目的があり，スケジュールカードの提示，タイマーの利用などがある。空間的構造化は，余分な刺激を減少させ，なすべき活動を明確にするという目的があり，学習環境の余分な刺激の排除，視覚的かつ直感的に理解しやすい作業方法・内容などがある。

　次に，コミュニケーション支援である。知的障害児の中には音声言語を用いたコミュニケーションに困難を示す者も少なくない。そこで，保有する能力と技術活用とを関連させたコミュニケーション支援である AAC（Augmentative and Alternative Communication；拡大・代替コミュニケーション）が有効となる。AAC には3つの水準があり，1つは道具を使わない水準で，視線や身振りなどを用いる。2つは身近な道具の水準で，絵カードやコミュニケーションボードなどを用いる。3つは ICT 機器などの水準で，有名なものに VOCA（Voice Output Communication Aid）がある。これは，子どもがスイッチを押すと事前に録音した声が出力される機器であり，多くの特別支援学校で支援機器として用いられている。近年は操作性の高いタブレット端末の発展などにより，ICT 機器を手軽に利用する学校も増えてきている。全般的に言えることは，聴覚的情報だけでなく視覚的情報を積極的に活用したコミュニケーション支援という視点である。

　最後に，補助具による支援であり，その背景には「苦手は補いながら，得意を活かす」という考え方がある。例えば，ボールペンを組み立てる作業はできるが，組み立てた本数を数えることが難しい子どもでは，完成したボールペンを置く位置が明確な箱を用いて，10本並んだらその箱がいっぱいになることで，子どもは作業が終了したことを直感的に理解できる。また，例えば，注意の配分が難しく，1つの作業に対する集中は得意だが，2つ以上のことを同時に行うと混乱してしまう子どもがいる。非利き手で紙を押さえながら利き手で線を引く作業が苦手な場合，紙を押さえることについては補助具を使用することで，子どもは線を引くという作業に集中できる。

②教員間や専門家とのチームによる支援

　特別支援学校はチームによる支援が中心となる。教員同士のチーム支援と，教員と専門家とのチーム支援を考える。

教員同士のチーム支援は，チーム・ティーチング（TT）と呼ばれる。教員間の息の合った支援である。授業を主導するメインティーチャー（MT）とそれをサポートするサブティーチャー（ST）とにわかれる。STは，MTに注意を向けるよう子どもに促したり（子ども支援），MTに教具を渡したり（教師支援）など，「黒子」として幅広く支援に当たる。授業の成功はSTにかかっていると言ってもよい。

　教員と専門家とのチーム支援は専門機関との連携・協働である。具体的な専門機関として，通常の学校や教育センターなどの教育機関，児童精神科などの医療機関，保健所や保健センターなどの保健機関，放課後等デイサービス事業や移動支援事業などの福祉機関，地域障害者職業センター，ハローワークなどの労働機関などである。重要なことは，関係機関がそれぞれ勝手に支援に当たるのではなく，個別の教育支援計画にそれぞれの役割などを明記して，一貫した支援をスクラムを組んで進めていくことである。

③キャリア・進路支援

　知的障害特別支援学校では，「望ましい勤労観，職業観」の育成などを目的として，小学部段階から始めるキャリア教育・キャリア支援が今日展開されている。キャリア支援は学校だけで成立するものではない。家庭，地域，福祉，企業などの専門機関との連携・協働が不可欠である。

　低年齢の段階での支援連携の中心は家庭だろう。家庭で行う「お手伝い」活動もキャリア教育として十分位置づくものである。もう少し年齢が高くなってくると，地域と連携した支援が注目される。例えば，公園を清掃したり，育てた花を道路に飾ったりなどである。家庭や地域の支援との連携の意義は，自分の存在が他者に役立つことの実感と，それによる自尊心・自己肯定感の向上だろう。働く意欲につながる大切な支援であるとともに，いわゆる「地域に開かれた教育課程」につながるものでもある。

　高等部段階になれば，実際の就労，労働機関と連携・協働した支援がより重要となってくる。就労移行支援や就労継続支援事業所などの福祉機関，特例子会社などの企業，地域障害者職業センターやハローワークなどの就労支援機関など，広範な関係機関との連携が不可欠である。また，企業就労に向けては，知的障害者の手帳である療育手帳（自治体によって名称が異なる）の取得支援も重要な取り組みだろう。支援に当たる際には，関係機関と連携して個別移行支援計画を作成し，円滑な進路決定と併せて，支援内容を進路先に適切に引き継ぐことが求め

られる。

3．放課後・休日における知的障害支援

　学齢期は，家庭，学校に加えて，放課後・休日という第三の活動の場が重要である。知的障害児を対象にした放課後・休日の支援として主な2つを確認する。なお，放課後・休日支援もまた，個別の教育支援計画に明確に位置付けて，連携・協働して支援にあたる必要がある。

　1つ目は学童保育（放課後児童クラブ）である。小学生の子どもをもつ共働き家庭や一人親家庭の保護者が，子育てしながら働くことを保障する制度であり，放課後や夏休みなどの学校休業日の生活の場を保障する。児童福祉法の放課後児童健全育成事業に位置づけられ，また，子ども・子育て支援法では，市町村が行う地域子ども・子育て支援事業として位置づけられている。

　学童保育における障害児については，平成27（2018）年の「放課後児童クラブ運営指針」において，「地域社会で生活する平等の権利の享受と，包容・参加（インクルージョン）の考え方に立ち」「可能な限り受入れに努める」とされた。今後ますます知的障害児の学童保育の利用数が増加すると予想されるが，知的障害理解の高い放課後児童支援員はまだ少なく，支援員の量的拡大と資質向上などが喫緊の課題となっている。

　2つ目は放課後等デイサービス事業である。これは児童福祉法に基づく，放課後や学校休業日に障害児が通う，療育機能や居場所機能をもつ福祉サービスで，生活能力の向上のために必要な訓練，社会との交流の促進その他の便宜を供与するものである。

　現在，民間企業も含めてきわめて多様な事業所が存在するようになり，知的障害児本人や保護者の選択可能性が広がった一方で，その支援内容は千差万別であり，個々のニーズに即したものを適切に選択できるかどうかという問題も指摘されている。ここでも，学校は学校で，放課後は放課後で，と切り離すのではなく，両者が協働しながら支援を積み上げていく必要性が指摘される。

■　Ⅴ　成人における知的障害支援

　学校卒業後の成人期に必要な支援として，労働支援，余暇支援，生活支援の3つをここでは考えたい。なお，成人期と言っても，青年期から老年期まで幅が広い。青年期では，その終了時期の遅れに関係する支援が必要であろうし，老年期

は，高齢化に関連する支援が特別に必要であることは頭に入れておきたい。

　まず，労働支援についてである。キャリア支援のところで述べたこととも重なるが，就労移行支援や就労継続支援事業所などの福祉機関，特例子会社などの企業，地域障害者職業センターやハローワークなどの就労支援機関など，広範な関係機関の支援が必要である。また，就労するにあたっての支援ももちろん重要であるが，知的障害者の離職率の高さから定着支援が最近注目されており，職場適応援助者（いわゆるジョブコーチ）の役割などがますます重要となるだろう。また，景気の影響を最も受けやすいのが障害者雇用であり，それに左右されず長期にわたって働けるための就労支援システムも求められている。労働には，社会参加や仲間づくりという意義ももちろんあるが，その基礎にあるのは経済的自立である。「健康で文化的な最低限度の生活」を営むために必要な労働収入を，障害基礎年金などと併せて保障する支援システムが求められている。

　次に，余暇支援についてである。知的障害者本人が楽しみたい余暇を決めたり，選んだりするための支援と，その余暇にアクセスするための支援が必要だろう。学校教育段階からの趣味の発見，ともに余暇を楽しむ友人づくりなどの支援が求められる。一方で，今日の福祉制度には余暇支援につながりやすいメニューが少ないとも言われており，今後の検討課題である。

　最後に，生活支援については，家庭生活，地域生活などに関係する支援が考えられる。とりわけ，どこに住まうか，そこでどのような生活に必要な支援を受けられるのかということは知的障害者にとってはきわめて重要な問題である。かつては，入所型施設で生活するか，家族と共に暮らすかという２択が中心だったことは否めないが，今日では，グループホームの充実が進み，また，より一人暮らしの形態に近いサテライト型のものも増えつつある。一人ひとりの生活ニーズに応じたさらなる多様化とその支援が求められるところである。

■ VI　まとめにかえて

　本章では，知的障害概念を考えるうえでの支援の重要性と，就学前（乳幼児期），学齢期，成人期という年齢成長段階に応じた支援の主なものについて整理した。最後に，権利の支援について考えたい。

　「障害者権利条約」で，「全ての障害者によるあらゆる人権及び基本的自由の完全かつ平等な享有」という当たり前の宣言がなされ，合理的配慮やユニバーサルデザインの理念が示された。全ての知的障害者が，障害のない人と等しく生きる

権利を有していることをどのように実現し，またそれをどうしたら当たり前に行使できるだろうか。一人ひとりが権利の主体者であり，生活の主人公であることを実現させるための支援を，「障害者権利条約」の時代だからこそどうすべきか考えるときがきている。

◆学習チェック表
□　最近の知的障害概念において支援が重視されていることについて理解した。
□　就学前（乳幼児期）の知的障害支援について理解した。
□　学齢期の知的障害支援について理解した。
□　成人期の知的障害支援について理解した。

より深めるための推薦図書
　　加瀬進・高橋智編（2019）特別支援教育総論．放送大学教材．
　　松為信雄・奥住秀之（2014）これでわかる発達障害のある子の進学と就労．成美堂出版．
　　田中康雄・阿部利彦・奥住秀之ら監修（2013）これでわかる発達障がい．成美堂出版．

　文　　献
American Psychiatric Association（2000）*Diagnostic and Statistical Manual of Mental Disorders 4th Ed. Text Revision.* APA.（高橋三郎・大野裕・染矢俊幸訳（2002）DSM-IV-TR　精神疾患の診断・統計マニュアル．医学書院．）
American Psychiatric Association（2013）*Diagnostic and Statistical Manual of Mental Disorders 5th Ed.* APA.（高橋三郎・大野裕監訳（2014）DSM-5：精神疾患の診断・統計マニュアル．医学書院．）
American Association on Mental Retardation（AAMR）（1992）*Mental Retardation: Definition, Classification, and Systems of Supports, 9th Ed.* AAMR.（茂木俊彦訳（1999）精神遅滞 第9版―定義・分類・サポートシステム．学苑社．）
American Association on Intellectual and Developmental Disabilities（AAIDD）（2010）*Intellectual Disabilities: Definition, Classification, and Systems of Supports.* AAIDD.（日本発達障害福祉連盟訳（2012）知的障害 第11版．日本発達障害福祉連盟．）

精神障害者への必要な支援

小林真理子

⊶ Keywords　テストバッテリー, チーム医療, 家族会支援, ソーシャルスキルトレーニング, 精神科デイケア, 生物心理社会モデル, 合理的配慮, 連携, 協働, ACT（包括型地域生活支援プログラム）

　精神障害のある方への必要な支援については，Ⅰ　障害特性の理解に向けてのアセスメントと心理的支援，Ⅱ　多問題のある事例への多領域による支援（連携・協働），Ⅲ　本人を取り巻く，環境調整（合理的配慮を含む）への働きかけと予防活動，が考えられる。この章では，これらの3つの支援について主に公認心理師が行う必要な役割や機能について述べていく。

▐ Ⅰ　障害特性の理解に向けてのアセスメントと心理的支援

　精神障害のある方の障害特性の理解に向けてのアセスメントと心理的支援は，精神科等医療現場で行われる支援と地域における支援，その間の領域といえる医療現場から地域生活に向けての移行的支援の3つに大別できる。

　精神科等医療現場で行われる支援は，精神疾患に関して，医師により診察・検査等を行い，診断に基づいて治療が行われる。そのため，薬物療法を中心に治療が行われ，症状の軽減・緩和が最優先される。その場面での公認心理師の役割は心理アセスメントとチーム医療への参画であろう。

　次は医療現場から地域に向けての支援があげられ，この場面での公認心理師の役割は，地域における生活に役立つ支援スキルの獲得の援助であり，必要に応じて，地域で暮らす精神障害のある方の障害特性や生活のしづらさを代弁する機能も必要となる。

　3つめの地域における支援は，精神障害のある方の生活のしづらさや生きにくさに対応することと，長期的継続的に利用が可能な福祉サービスの情報提供や調整など，他専門領域の業務に精通しておく必要があると考えられ，以下詳説したい。

1．精神科等医療現場で行われる支援

　医療現場においては，診断に基づいて治療が行われるが，精神科等医療において，医師が診断する時，診断の補助資料として心理アセスメントを行う。また，すでになんらかの精神疾患により入院，あるいは通院している場合，治療（支援）は，薬物療法，精神療法とカウンセリング，社会療法と家族療法，精神科作業療法，精神科救急治療法，電気けいれん療法がある（上島ら編［2017］を参照）とされており，この支援の場面において公認心理師の果たす役割について述べていくこととする。

①診断の基礎的資料となる心理アセスメント

　精神障害のある方は，精神科等医療現場において，なんらかの精神疾患であると診断されることが多く，その場合，公認心理師は心理アセスメントを行う。心理アセスメントとは，「インテイク面接（受理面接）と心理テストと行動観察を通してなされる探索」（名島，2011）であり，その目的は「クライアントに対する心理学的処遇がうまくなされるようにするための基礎的資料を得る」ことにあり，医療現場では，精神科医の診断の補助資料となることが多い。また，福祉制度やサービスを受けやすくなるための精神障害者保健福祉手帳の取得に向けての基礎的資料としても活用されることも多い。津川ら（2010）により，臨床場面において，対象者をより多角的・多層的に理解するために，いくつかの検査を組み合わせて実施する「テストバッテリー」が，効果的に使用される必要があるとして，以下のような視点でのフローチャート（表１）を策定している。このフローチャートにより，神経心理学的検査・知能検査・投映法・描画法・職業関連の検査など必要に応じて複数選択して実施する（詳細については本シリーズ第14巻「心理的アセスメント」を参照）。

表１　テストバッテリーのためのフローチャート策定のための視点

1	器質性の要因の有無（発達障害を含む）
2	鑑別診断のための補助資料の必要性の有無
3	治療に影響するかもしれないパーソナリティ特徴を把握する必要性の有無
4	治療のための面接に役立つ素材の必要性の有無
5	予後予測の必要性の有無
6	本人や家族の心理検査の希望の有無

②個人心理療法と集団心理療法の実施

　多くの精神科等医療現場においては，精神障害のある方に対して，個人・集団による心理療法が行われる。また，心理アセスメントについても同様だが，「心理に関する支援を要する者に当該支援に係る主治の医師があるときは，その指示を受けなければならない」（公認心理師法）とされ，医療現場では，公認心理師におけるアセスメント・支援などは主治の医師の指示を受け，尊重するものとしている。これまでも多くの精神科等医療現場において，個別・集団における心理療法は，医師の指示や指導の下に心理職によって行われてきていたが，今後は公認心理師により，医師や医療スタッフと連携を密にしながら進めていくことが期待できる。

　ここで，心理療法とカウンセリングとの違いをおさらいしておくと，カウンセリングは，本来，より意識の表層に近い問題（例：就職，進路指導）を扱い，治療行為ではない。一方，心理療法（一般に精神科医は「精神療法」と呼び，心理職は「心理療法」と呼ぶことが多いため，ここでは「心理療法」とする）は，疾患の治療を目的として，職業的専門家によって行われると言われている。精神科等医療現場における公認心理師は，上記のことを踏まえ，対象人数・治療期間などを検討し，表2のような心理療法の治療技法を用いて行っていく。

　これらの心理療法の治療技法の種類は400以上あるといわれ，その使い方についてはそれぞれの公認心理師が学んできたバックグランドによって異なる。具体的には，精神障害のある方の自我を支持し，適応能力の回復を目的とする支持的心理療法，未解決の過去の情緒体験をできるだけ自由に感情表現し，発散することで自己治癒力を高める表現的心理療法，自己の病理性について洞察し，人格構造の変化を目標とする洞察的心理療法，学習や訓練などの体験によって適応の改善や症状の消失を目標とした訓練療法などであ

表2　心理療法の治療技法（平島, 2017を改変）

①支持的心理療法
②表現的心理療法
③洞察的（探索的）心理療法
　　a）精神分析療法
　　b）精神分析的心理療法
　　c）分析的心理学（ユング派精神分析）
　　d）非指示的心理療法（ロジャーズ法）
　　e）対人関係療法
④訓練療法
　　a）森田療法
　　b）内観療法
　　c）自律訓練法
　　d）認知行動療法・認知療法
　　e）行動療法
　　f）臨床動作法
⑤芸術療法
⑥催眠療法
⑦家族療法
⑧集団心理療法
⑨統合的心理療法
⑩その他の心理療法

表3　3つの病態水準によるパーソナリティ構造論

	現実検討能力	自我同一性	防衛機制
神経症パーソナリティ構造 NPO（Neurotic Personality Organization）	◯	◯	◯
	保たれている	統合されている	抑圧を中心とする神経症的防衛機制を多く用いる
境界パーソナリティ構造 BPO（Borderline Personality Organization）	◯	×	×
	保たれている	分裂している	分裂，投影性同一化，理想化，否認などの原始的防衛機制を用いる
精神病パーソナリティ構造 PPO（Psychotic Personality Organization）	×	×	×
	障害されている	解体している	原始的防衛機制が主に用いられる

る。

　精神科医療で働く公認心理師は，これらの治療技法を用いるにあたりカーンバーグ Kernberg, O. F.（岩崎，2002ab）によって提出された3つのパーソナリティ構造の研究などを用いて，治療構造や治療技法などを検討していくことが多いが，他巻で詳説するので（本シリーズ第15巻「心理学的支援法」），ここでは表3を用いて概略のみを説明するのに止める。

　カーンバーグらの精神分析学によるパーソナリティ構造論（McWilliams, 1994）は，表3のように，神経症パーソナリティ構造・境界パーソナリティ構造・精神病パーソナリティ構造の3つの病態水準（精神分析理論に基づいて精神病理を理解しようとする考え方）に分けて捉える。このように病態水準を理解することで，現在，行うべき治療・支援の方向性が考えらえる。例えば，現実検討能力が障害されている精神病パーソナリティ構造の状態である方については，薬物療法や生活療法を主としながら支持的心理療法を行うことが適切であろうし，現実検討能力および自他の境界も保たれ，より適応的な防衛機制を用いている神経症パーソナリティ構造の方については，その方の症状の程度や治療動機などを考慮しながら，表現心理療法・洞察的心理療法・訓練療法などから治療技法を提供することが適切であろう。いずれにしても，これらの治療技法については，精神障害のある方の心理アセスメントやチーム医療の情報とを統合して，単一にあるいは組み合わせて使っていくかを検討する。

③チーム医療の中での専門性

　医師，看護師をはじめとして精神保健福祉士，作業療法士などと一緒に，②の

個人・集団心理療法のほか，精神科作業療法・生活療法・家族療法や心理教育など，精神科等医療現場でのチーム医療において公認心理師が果たす役割を整理していきたい。

1）精神科作業療法

精神科作業療法（松井，2002）は，「作業を媒介として行われる治療法」で，「仕事とか労働とかを意味するのではなく，広く日常生活の諸活動すなわち，精神的，身体的諸活動を含んでいる」とされ，精神科医による作業療法処方箋に基づいて，一般には作業療法士により行われる。山根（2017）は，「入院中の場合，通常は治療や訓練に必要な設備の整っている作業療法室を中心におこなわれるが，回復過程の早期にあって病室から出ることに不安が強い場合や長期入院や長期在院で自閉傾向が強く引きこもっている場合，緩和期で病室から出るリスクのほうが大きいといった場合には，ベットサイドや病棟内に出向いておこなう」とし，入院中であっても可能な限り実際の状況に合った状況で社会生活適応技能の訓練を行うことが望ましいこと，また退院のめどが立てば，社会資源の利用の助言指導，退院後の居宅訪問の同行などを行うことが必要であるとして，作業療法の諸活動について，さらに具体的に説明している。

以上のように，精神科作業療法は，作業療法士によっても，情報収集・行動観察・面接・検査が行われ公認心理師の役割と重なる部分が多いが，精神障害のある方の現状の悩み・不安・希望，人格と行動の特徴，病態水準など主に心理検査や心理療法からの情報を提供するとともに，作業活動や対象者の状態によっては，主に心理的ケアの視点から活動そのものにチームとして関与することも多い。

2）生活療法

社会療法（social therapy；人が成長するために，生活しながら学習することを社会的・組織的に援助する治療法）が第二次世界大戦後に展開していき，日本においては作業療法とレクレーション療法の包括的な組み合わせとして生活療法が発展してきている。この生活療法は，長期入院患者のホスピタリズムの解消と病棟開放化への影響力となったと言われる。具体的に，生活療法は，季節を感じさせる院内・外での年間行事やレクレーション活動などから，精神障害のある方の生活のしづらさに働きかけ，その軽減を目指して開発された生活技能訓練（SST）などがある。チーム医療での公認心理師は，これらの企画・運営，またトレーナーとしての役割を果たす場合がある。SST については，「2．医療現場から地域に向けての支援」の頁で，詳述したい。

3）家族支援（家族療法と心理教育）

精神障害のある方だけの支援ではなく，楢林（2013）によると「家族にさまざまな不安や葛藤をもたらし家族自身が援助を求めてくる」ため，家族療法の視点が必要となってくる。そのため精神科等医療現場での家族療法は，まず「家族を臨床の対象として捉え」「家族の話を聴き」「体験を語ってもらい」「家族を理解する」ことが重要で，コミュニケーションが途絶えている家族もあり得るので「家族を結び合わせること」を目的とする。もう一つには，家族を積極的に治療・支援の協力者として位置づけ，家族に対して，精神障害のある方が家庭で生活しながら地域で暮らす上で必要となる家族への心理教育を行う。これらの家族支援は家族力動も含めたそれぞれの家族員のこころの動きをキャッチしながら，主に公認心理師や精神保健福祉士などが進めていくことが今後さらに求められていくだろう。

4）家族会支援

　野中（2003）は，精神障害リハビリテーションの応用技術として家族会支援を掲げている。家族会については，家族教室（教育の場），家族同士の仲良し会（支え合いの場），市町村単位で結成される地域家族会（要求の場），全国には全国精神保健福祉会連合会（政策提言の場）があり，その他，精神科病院を利用している精神障害のある方の家族が集う「病院家族会」がある。それぞれの家族会において，専門家集団が支援を行っており，例えば，「家族同士の仲良し会」には，メンバーの紹介と交流促進の状況の設定，困難な課題に対しての助言など，「地域家族会」においては，組織づくりの助言，活動内容や目標の示唆，利用可能な会場の情報提供，行政との交渉内容の整理への助言などの支援があるとしている。これらの支援は，精神保健福祉士やベテランの看護師が担っていることが多いが，公認心理師にも想定できる役割機能といえよう。

2．医療現場から地域に向けての支援

①精神障害の考え方の変遷に伴い展開した SST

　精神障害のある方への理解は，1993（平成 5）年障害者基本法（それまでは心身障害者対策基本法）が成立し，それまで身体障害者のみだった障害の定義を知的障害，精神障害まで含めたことで大きく変化した（図 1）。

　1970（昭和 45）年の「国際障害者年」の制定をきっかけに，障害のある方などが地域で普通の生活を営むことを当然とする福祉の基本的考えであるノーマライゼーション（デンマークで誕生した考え方）が日本において広く知られるようになった。このノーマライゼーションの理念のもと，障害のある方への法制度の

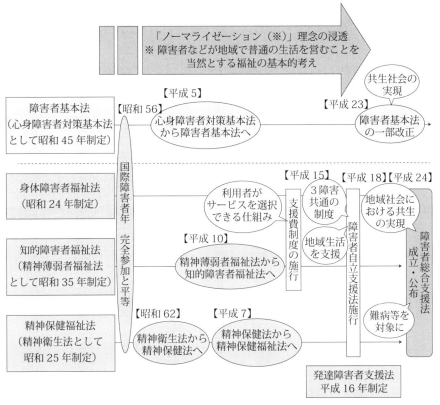

図1　精神障害施策の歴史

整備が進められてきた。

　また，障害についての考え方は，世界保健機関（WHO）によって，1980 年に国際障害分類 ICIDH（International Classification of Impairment, Disability and Handicap）から，2001 年には，国際生活機能分類 ICF（International Classification of Functioning, Disability, and Health）が提示され，大きく変化を遂げた。

　上田（2010）によると，「ICF は障害を人が『生きる』こと全体に位置づけて，『生きることの困難』として理解するという，根本的に新しい見方」に立ち，新しい障害観，健康観を提起しており，「健康とは，単に病気がないということではなく，『生活機能』全体が高い水準にある状態である」と述べている。

　そのため，WHO では，健康や病気を見ていく場合に，ICF と ICD（International Statistical Classification of Diseases and Related Health Problems. 100 年以上の歴史を持つ WHO による「国際疾病分類」）の両者を併用して，病気の面だけでな

く，生活機能との両面から見ていくことが望ましいとされ，精神障害のある方にとって生活のしづらさについての軽減を図るため SST が開発されることで，大いに注目された。

　SST は行動療法と社会学習理論に基づき，認知行動療法的に生活技能の改善を図るもので，コミュニケーションを，①受信技能，②処理技能，③送信技能に区別して評価している（東大生活技能訓練研究会編，1995）。

　リバーマンら（Libermann et al., 1989）は基本訓練モデルとさまざまな課題別モジュール（服薬自己管理，基本会話，症状自己管理，余暇活動）などの治療パッケージを開発しており，これらは，医療現場から地域での生活を目指した支援であり，「臨床家が，自分の患者の精神障害によって生じる限界と現実の能力について，知っている程度に応じて，生活技能訓練が的確に行われるかどうか違ってくる」として，生活技能訓練は，精神保健・カウンセリング・リハビリテーションなどの専門家が行う支援であるとする。

②精神科デイケア

　精神科デイケア（厚生労働省，1974）は，社会復帰を促進するための治療プログラムで，主に仲間との交流，ミーティング，スタッフとの相談，ストレスの対処方法などを学ぶ心理教育や絵画，書道，陶芸などの創作活動，音楽，スポーツ，料理，そのほかのレクリエーション，四季折々のイベントなど，それぞれの医療現場や関係施設によって工夫したプログラムが行われている。日中に行うデイ・ケア，夜間に行うナイト・ケア，日中から夜間まで行うデイ・ナイト・ケア，日中3時間程度のショート・ケアがある（原則的には，精神科デイケアは退院後に行われる支援の一つであるが，入院中においても退院を予定している場合は入院中1回に限り保険医療として算出できる）。

　精神科病院や診療所などの医療機関と保健所や精神保健福祉センターでも行われ，施設によって，対象者やプログラムの内容に違いがあり，また疾患や年齢層を絞り込んでいたりもする。最近では，休職中の人を対象に仕事に復帰するための「リワーク・プログラム」を持っているところもある。

　これらのプログラムは，公認心理師を含む医療チームによって考えられ，公認心理師は主に，心理アセスメントに基づいて心理的ケアにウエイトを置いたプログラムの策定や運営に関わり，医療現場から地域生活に向けての支援，実際の地域での生活支援となる。

③必要な連携・協働のための代弁機能

　生活技能訓練や精神科デイケアは，精神障害のある方自らのリハビリテーションあるいは対処法の強化などであり，このプログラムに公認心理師の果たす役割は大きいが，医療現場から地域に向けての支援として，精神障害のあるご本人・家族・関係者などに，現在の生活のしづらさを説明するとともに，その対処法や退院後の生活のイメージができるように本人を取り巻く関係者やまわりの人たちに代弁する役割を担うことも多い。精神障害は，一般の人たちにとって，発達障害と並んでわかりにくい障害であるので，まずは，精神障害のある方がどのような生活のしづらさを抱えているのか明確にしていく必要がある。また一般就労や福祉作業所の利用，育児や家事など生活形態は多岐にわたる。そのため，公認心理師は，心理アセスメント（ここでは，知能検査・作業能力検査，ストレス・疲労感・不安などを知るチェックリスト）を通して，精神症状が，日常生活に及ぼす課題などを想定し，可能な限り具体的な対応方法も含めて本人や家族，関係者にわかりやすく伝える工夫が必要となる。

3．地域における支援

　平成 23（2011）年の障害者基本法の改正，平成 24（2012）年の障害者総合支援法の成立，平成 25（2013）年の障害者差別解消法の成立・障害者雇用促進法の改正などこれらの法整備をうけて，平成 26（2014）年に日本において，障害者権利条約を締結し，障害者の権利の実現に向けた取り組みが一層強化されたといえる。

　平成 25（2013）年に成立した障害者差別解消法により，障害のある方への「合理的配慮（障害のある人から，社会の中にあるバリアを取り除くために何らかの対応を必要としているとの意思が伝えられたときに，負担が重すぎない範囲で対応すること）」を行うことなどを通じて，「共生社会」を実現することを目指している。

　現在の「共生社会」の実現を目指すまでの日本の障害福祉は，以下のような経緯となっているので簡単に整理した後，地域における支援のあり方について述べていくこととする。

　まず，平成 15（2003）年に，それまでは福祉サービスを受けるか否かの判断を行政権限として行ってきた措置制度に代わり，利用者である障害のある方がサービスを選択できる仕組みである支援費制度が導入され，平成 18（2006）年には，身体・知的・精神の三障害の共通の制度として定義した障害者自立支援法に

移行した平成24［2012］年には，障害者自立支援法に代わり，障害者総合支援法が成立・施行されている）。

　平成23（2011）年には，障害者基本法の一部が改正され，障害者の定義が「身体障害，知的障害，精神障害（発達障害を含む。）その他の心身の機能の障害がある者であって，障害及び社会的障壁（障害がある者にとって障壁となるような事物・制度・慣行・観念その他一切のもの）により継続的に日常生活，社会生活に相当な制限を受ける状態にあるもの」となり，ICFの相互作用モデルを多く取り入れた内容となった。また，この法の目的は，「全ての国民が，障害の有無にかかわらず，等しく基本的人権を享有するかけがえのない個人として尊重されるものであるとの理念にのっとり，全ての国民が，障害の有無によって分け隔てられることなく，相互に人格と個性を尊重し合いながら共生する社会を実現する」こととし，地域でのあたりまえの生活を送ることの権利を明記している。

　以上のような法制度の経緯をもって，図2のような障害者総合支援法による給付・事業が整備されている。この障害者総合支援法における福祉サービスは，支援費制度の考え方を発展させて自立支援給付として介護給付と訓練等給付にわけてサービスの内容を明確にしていった。またこれらの福祉サービスを効果的に利用するための相談や計画を行う仕組みも作り，障害のある方とともに支援のあり方を考えていくこととなっている。

　表4の障害福祉サービス等の体系は，サービス名や内容が記載された一覧で，①障害の種別（身体障害・知的障害・精神障害〔発達障害を含む〕）に関係なくサービスを利用しやすいよう再編して一元化，②身近な市町村によるサービスの提供，③利用者のサービスと所得に応じた応益負担と財源確保，④就労支援の強化，⑤支給決定の透明化・明確化を特徴としている。また，2018（平成30）年からは，さらに「就労定着支援」「自立生活援助」など地域移行への推進を目指した，新サービスも創設されている。

　地域の福祉現場で働く公認心理師は，精神障害のある方が利用できる事業や給付などの福祉サービスに関しての情報提供や調整など，本来，精神保健福祉士や社会福祉士の領域の仕事ではあるが，近接領域に精通しておく必要がある。現在，このように地域の福祉現場で働く公認心理師はそれほど多くないものと思われるが，現在，そしてこれからの精神障害のある方への支援は大概は地域で行われ，医療的ケアと福祉サービスとをどのようなウエイトで活用するかなど一つの領域での支援だけではなく，多機関と連携・協働しながら進めていくことがますます多くなっていくと予想される。

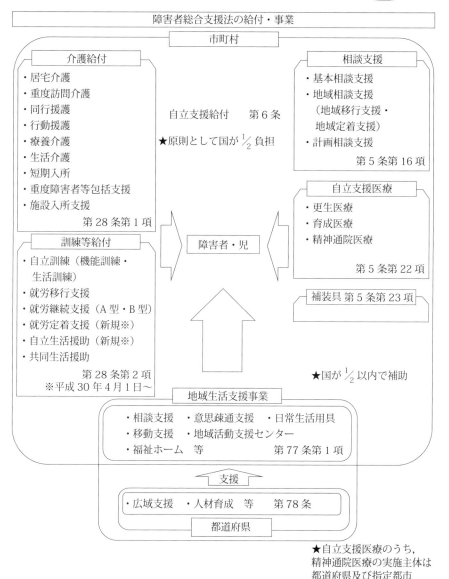

図2　障害者総合支援法の給付・事業（厚生労働省作成資料）

4．その他の支援

　精神障害のある方への支援というと，成人への支援について連想しやすいが，これまでに説明していない，精神障害のある児童への支援についての概要を述べておきたい。

　精神障害の一つである統合失調症の発症（厚生労働省，2011）は，「思春期から青年期という10歳代後半から30歳代が多い病気」で，中学生以下，40歳以降は少ないとされているが，対象者は少ないものの支援を必要とする児童は存在する。また，児童虐待をうけた子どもたちなど劣悪な環境で過ごし，その後さまざまな精神症状で苦しんでいることも多い（増沢［2011］は，社会的養護児童にクローズアップをして適切な支援について事例をあげて論じている）。

　一方，児童を専門とする精神科医（参考までに，日本児童青年精神医学会の認定医は2018年6月現在348名）は少なく，適切な時期に適切な治療・支援が行われないことが容易に推測できる。

　ここでは，児童期の事例を紹介しながら，児童の支援の実際について述べるにとどめることとする。

・事例Ａ：思春期病棟への入院・思春期デイケアの利用
　長期不登校・ひきこもり状態の高校生Ａが，食事をとらなくなり，体重が激減し命に関わる状態となり，思春期病棟を持つ精神科に受診となった。受診後，統合失調症と診断され，入院となり，薬物療法や生活療法を経て，思春期対象の精神科デイケアを利用している。

・事例Ｂ：児童発達支援・放課後等デイサービスの利用
　5歳時に自閉スペクトラム症と診断されたＢは，児童福祉法・障害者総合支援法に基づくサービスである児童発達支援[注1]を利用し，小学校に入学してからは，特別支援学級に在籍しながら，放課後等デイサービス[注2]を利用している。

注1）児童発達支援：障害児通所支援の一つで，小学校就学前の6歳までの障害のある子どもが主に通い，支援を受けるための福祉サービス。

注2）放課後等デイサービス：障害のある学齢期児童が学校の授業終了後や学校休業日に通う，療育機能・居場所機能を備えた福祉サービス。

・事例C：児童心理治療施設への措置

　２歳頃より継父に身体的・心理的虐待を長期間受け続けたCは，５歳の時，近隣より通告でようやく虐待が発見され，児童相談所[注3]の一時保護の後，児童養護施設に入所措置となる。施設において，他児への衝動的な暴言・暴力，学校での不適応が著しくなり，児童心理治療施設[注4]への入所に変更となる。

・事例D：児童自立支援施設への措置

　父母が離婚後に母方祖父母のもとで育てられた中学１年生のCは，昼夜逆転の生活になり，不登校となる。夜には近くのコンビニエンスストアやレンタルショップに行き，頻回の万引きを繰り返していたため，警察によって児童相談所に通告をされ，一時保護後，児童自立支援施設[注5]への措置となる。

・事例E：第３種少年院への措置

　学習障害があり緘黙傾向のEは，家庭機能も整っていない。周りの配慮の少なさに被害感をつのらせ，遂には，「誰も僕のことを理解してくれない」「学校がなくなればよい」と体育館に放火し，半焼となり，少年鑑別所[注6]に入所後，審判を経て第３種少年院[注7]への入院となる。

　事例A〜Eはいずれも精神障害のある児童の事例であり，医療，福祉，司法・矯正の各領域の施設・機関において，臨床心理技術者（臨床心理士），児童心理司，心理士，法務技官（心理）などが心理の専門職として，精神障害のある児童に関わることとなる（本シリーズ第17巻「福祉心理学」，第19巻「司法・犯罪心理学」で詳説する）。

注3）児童相談所：児童福祉法第12条に基づき，各都道府県及び政令指定都市などに設けられた児童福祉の専門機関。
注4）児童心理治療施設：児童福祉法に定められた児童福祉施設で，心理的問題を抱え日常生活の多岐にわたり支障をきたしている子どもたちに，医療的な観点から生活支援を基盤とした心理治療を中心に，学校教育との緊密な連携による総合的な治療・支援を行う施設。
注5）児童自立支援施設：児童福祉法に定められた児童福祉施設で，非行や生活上の問題を抱えた児童の自立を支援する施設。
注6）少年鑑別所：少年鑑別所法により，家庭裁判所から観護措置として送致された少年を収容し，少年に対する調査・審判や保護処分の執行に資するため，専門的知識に基づき，少年の資質の鑑別を行う施設。
注7）第３種少年院：保護処分の執行を受ける者であって，心身に著しい障害があるおおむね12歳以上26歳未満を対象とする施設。

表4　障害福祉サービス等の体系

	サービス名	障害者	障害児	サービスの内容
訪問系	居宅介護（ホームヘルプ）	○	○	自宅で、入浴、排せつ、食事の介護等を行う
	重度訪問介護	○		重度の肢体不自由者で常に介護を必要とする人に、自宅で、入浴、排せつ、食事の介護、外出時における移動支援などを総合的に行う
	同行援護	○	○	視覚障害により、移動に著しい困難を有する人が外出する時、必要な情報提供や介護を行う
	行動援護	○	○	自己判断能力が制限されている人が行動するときに、危険を回避するために必要な支援、外出支援を行う
	重度障害者等包括支援	○	○	介護の必要性がとても高い人に、居宅介護等複数のサービスを包括的に行う
	短期入所（ショートステイ）	○	○	自宅で介護する人が病気の場合などに、短期間、夜間も含め施設で、入浴、排せつ、食事の介護等を行う
日中活動系	療養介護	○		医療と常時介護を必要とする人に、医療機関で機能訓練、療養上の管理、看護、介護及び日常生活の世話を行う
	生活介護	○		常に介護を必要とする人に、昼間、入浴、排せつ、食事の介護等を行うとともに、創作的活動又は生産活動の機会を提供する
施設系	施設入所支援	○		施設に入所する人に、夜間や休日、入浴、排せつ、食事の介護等を行う
居住系	共同生活援助（グループホーム）	○		夜間や休日、共同生活を行う住居で、相談、入浴、排せつ、食事の介護、日常生活上の援助を行う
訓練系・就労系	自立訓練（機能訓練）	○		自立した日常生活又は社会生活ができるよう、一定期間、身体機能の維持、向上のために必要な訓練を行う
	自立訓練（生活訓練）	○		自立した日常生活又は社会生活ができるよう、一定期間、生活能力の維持、向上のために必要な支援、訓練を行う
	就労移行支援	○		一般企業等への就労を希望する人に、一定期間、就労に必要な知識及び能力の向上のために必要な訓練を行う
	就労継続支援（A型＝雇用型）	○		一般企業等での就労が困難な人に、雇用して就労する機会を提供するとともに、能力等の向上のために必要な訓練を行う
	就労継続支援（B型）	○		一般企業等での就労が困難な人に、就労する機会を提供するとともに、能力等の向上のために必要な訓練を行う

区分	サービス名			内容
	就労定着支援	○	○	一般就労へ移行した障害者について、就労に伴う生活面の課題に対し、就労の継続を図るために企業・自宅等への訪問や障害者の来所により必要な連絡調整や指導、助言等を行う
	自立生活援助	○		障害者支援施設やグループホーム等から一人暮らしへの移行を希望する知的障害や精神障害等を対象に、本人の意思を尊重した地域生活を支援するため、一定の期間にわたり、定期的な巡回訪問や随時の対応により障害者の理解力・生活力等を補う観点から、適時のタイミングで適切な支援を行う
障害児通所系	児童発達支援	○		日常生活における基本的な動作の指導、知識技能の付与、集団生活への適応訓練などの支援を行う
	医療型児童発達支援	○		日常生活における基本的な動作の指導、知識技能の付与、集団生活への適応訓練などの支援及び治療を行う
	放課後等デイサービス	○		授業の終了後または休校日に、児童発達支援センター等の施設に通わせ、生活能力向上のための必要な訓練、社会との交流促進などの支援を行う
	保育所等訪問支援	○		保育所等を訪問し、障害児以外の児童との集団生活への適応のための専門的な支援などを行う
障害児入所系	福祉型障害児入所施設	○		施設に入所している障害児に対して、保護、日常生活の指導及び知識技能の付与を行う
	医療型障害児入所施設	○		施設に入所または指定医療機関に入院している障害児に対して、保護、日常生活の指導および知識技能の付与並びに治療を行う
相談支援系	計画相談支援	○	○	【サービス利用支援】 ・サービス申請に係る支給決定前にサービス等利用計画案を作成 ・支給決定後、事業者等と連絡調整等を行い、サービス等利用計画を作成 【継続サービス利用支援】 ・サービス等の利用状況等の検証（モニタリング） ・事業所等と連絡調整、必要に応じて新たな支給決定等に係る申請の勧奨
	障害児相談支援	○	○	【障害児支援利用援助】 ・障害児通所支援の申請に係る給付決定の前に利用計画案を作成 ・給付決定後、事業者等と連絡調整等を行うとともに利用計画を作成 【継続障害児支援利用援助】
	地域移行支援	○		住居の確保等、地域での生活に移行するための活動に関する相談、各障害福祉サービスの体験等における相談、障害福祉サービス事業所への同行支援等を行う
	地域定着支援	○		常時、連絡体制を確保し障害の特性に起因して生じた緊急事態等における相談、障害福祉サービス事業所等と連絡調整など、緊急時の各種支援を行う

▌II　多問題のある事例への多領域による支援

1．生物心理社会モデルに基づくアセスメントとケアマネジメント

　精神障害のある方への支援は上述したとおりであるが，実際は，多くの課題を持ち，地域での生活を困難にしている場合が多い。そのため，医療，教育，福祉，司法・矯正など多領域での連携・協働が必要となることが多い。

　このように，多領域での連携・協働を行う場合，通常の心理アセスメントにおいても必要なモデルであるが，情報を共有していく中で利用できる共通モデルとして生物心理社会モデルに基づくアセスメントがさらに重要となる。特に，障害者・障害児心理学においては，他の心理学分野よりも生物学・心理学・社会学のそれぞれの視点に立ったアセスメントが必要となることは想像に難くないであろう。

　近藤（2012）は，長年の精神保健福祉・児童福祉の相談現場での実践を通して，ケースリポートの方法からケース検討会議の技術がアセスメント技術を高めるとして，生物心理社会モデルに基づくアセスメントの重要性を述べている。

　野中（2011）は，「ケアマネジメント（ケースマネジメントと同義とする）は，治療法でもなく，リハビリテーションの技術でもない。複数の領域にまたがってさまざまなサービスを同時に必要とする人に対して，サービスを適切に結びつけることによって生活の支援する方法論」であるとして，①受理（intake），②査定（assessment），③計画策定（planning），④介入（intervention），⑤追跡（monitoring），⑥評価（evaluation），⑦終結（termination）など，ケアマネジメントの基本的な活動として整理している。また，実際のアセスメント票・プランニング票（野中，2011a）など資料提供しつつも，「医療保健福祉のような対人サービスは実は多様な要因に規定されており，単純なマニュアル的理解では歯が立たない」ため「日常的なケア会議あるいは事例検討会は，対人サービス能力をあげる基本的方法である」として，複数の課題を抱えていることが多い精神障害のある方への支援におけるケアマネジメントの重要性について述べている。

　またACT（Assertive Community Treatment：包括型地域生活支援プログラム）（野中，2011b）についても紹介し，ACTは「総合型のケースマネジメント」に位置づけられ，「従来であれば入院適応となる精神疾患の方々に，地域生活を続けながら治療も福祉的支援も提供しようとする方法」で「精神科医を含む多職種チーム」で構成されている。「提供サービスとしては①食事，買い物，移動，対人

関係など日常生活の中でのリハビリテーション，②目的が明確な相談，③金銭管理の支援，④住居に関する支援，⑤服薬に関する支援，⑥健康保持のための資源利用，⑦申請手続き支援，⑧就労に関する支援，⑨家族への支援，と総合的である」としている。このプログラムは，ある時期，「利用者をコントロールしすぎるとの批判を受けていた」が，「今では ACT 活動の中でのストレングスモデルが強調され，最終的な目標はリカバリーに置かれ」，このプログラムが始まった米国のマディソン市（1970 年代）では当事者だけで組織されているケースマネジメント・チームが活動していて，専門家チームの視点や公的な活動で見落とされる不備を補っている」という。

2．他領域における支援の実際

心理専門職としての仕事はもとより，精神障害のある方の支援においては，多職種との連携のあり方や，他領域の専門性などについて共通のツールや知識を用いて協働ができるようになることが必要である。これには，前述した，生物心理社会モデルに基づくアセスメントやケースマネジメントが支援の方法論として有効になる。生活全般や就労などの複数の課題への対応をはじめ，精神障害のある方の再犯・累犯を防ぐ取り組み，ひきこもり対策，精神障害を要因とした犯罪への対応など，一領域で支援・治療するだけでは難しく，多くの領域で協働・連携しながら進めていくことになる。以下は精神障害のある方を専門的に支援する場として考えらえる機関をあげる（厚生労働省 HP を参照）。

①障害者就業・生活支援センター

障害者の身近な地域において，雇用，保健福祉，教育等の関係機関の連携拠点として，就業面および生活面における一体的な相談支援を実施する機関であり，通称 "なかぽつ" と言われている。就労支援担当者と生活支援担当者により構成されており，生活支援・就労支援と分断するのでなく，精神障害のある方の実際の生活の課題に対応する柔軟性のある機関と言える。

②地域生活定着支援センター

地域生活定着促進事業として，平成 21（2009）年より，高齢または障害により支援を必要とする矯正施設退所者に対し，保護観察所と協働し退所後直ちに福祉サービス等につなげる機関で，①入所中から帰住地調整を行うコーディネート業務，②福祉施設等へ入所した後も継続的に支援するフォローアップ業務，③地

域で暮らす矯正施設退所者に対して福祉サービスの利用等に関する相談支援業務を実施する。

　職員体制は社会福祉士と精神保健福祉士が主な職種であるが，心理的課題を抱えた対象者も多いため，今後，公認心理師の果たす役割も重視されていくことが予想される。

③ひきこもり地域支援センター

　ひきこもり対策推進事業の一つとして，ひきこもりに特化した専門的な第一次相談窓口で，ひきこもり支援コーディネーターを中心に，地域における関係機関とのネットワークの構築や，ひきこもり対策にとって必要な情報を広く提供する地域におけるひきこもり支援の拠点である。このセンターのひきこもり支援コーディネーターは社会福祉士，精神保健福祉士，臨床心理士等が担っており，ひきこもり（日本臨床心理士会監修, 2017）の原因として統合失調症や双極性障害など「精神疾患・精神障害」「発達障害」や「パーソナリティ障害」を背景とし，それぞれ支援方法が異なるため，精神医学的かつ発達的視点にたったアセスメントが必要となり，今後さらに公認心理師の活躍が期待できる。

④心神喪失者等医療観察法制度による支援

　医療観察法は，精神障害のために善悪の区別がつかないほど，刑事責任が問えない状態で，殺人，放火，強盗，強制性交等，強制わいせつ，傷害を行った人に対して，適切な医療を提供し社会復帰を促進することを目的とした制度において，指定入院医療機関への入院医療の提供と，保護観察所により精神保健観察を行う地域での支援を行う仕組みである。

　以上のように，多問題のある事例は，多領域の専門家と協働しながら，治療・支援を行っていくこととなる。

■ Ⅲ　本人を取り巻く，環境調整（合理的配慮を含む）への働きかけと予防活動

1．合理的配慮を含む環境調整への働きかけ

　障害者の権利に関する条約（障害者権利条約）第2条において，合理的配慮の定義は，「障害者が他の者と平等にすべての人権及び基本的自由を享有し，又は

行使することを確保するための必要かつ適当な変更及び調整であって，特定の場合において必要とされるものであり，かつ，均衡を失した又は過度の負担を課さないもの」とされ，障害者基本法第4条，障害者差別解消法4条から8条においてもこの考え方が明記されている。一口に合理的配慮といっても，障害のある方が，実際にどのような生活のしづらさを抱え，どのような配慮したらよいのか難しいため，内閣府（2017）では合理的配慮の事例を提示している。このような具体的な事例とともに，精神障害に関しての理解・精神障害のある方の生活のしづらさや生きにくさなどを知ることが，必要な配慮につながると考えられる。公認心理師は，精神障害についての理解促進のための説明や，精神障害のある方の生活のしづらさや生きにくさについてきめ細やかに代弁する役割が果たせ，ひいては，合理的配慮を含む環境調整を行う役割を担うことができる。

2．予防活動

公認心理師法第2条4項において「心の健康に関する知識の普及を図るため教育及び情報の提供を行うこと」とされ，予防のための教育や啓発を行っていくことが業務として明記されている。また，キャプラン（Caplan, G., 1964）の予防の概念について，コミュニティ心理学領域における金沢（2004）によると，「第一次予防とは健康な人びと（まだその問題をかかえていない人びと）を対象として，問題が発生する前に行われ」，「第二次予防は，危険因子や問題の発生のスクリーニングなどを用いて，問題が悪化する前に早期に介入を行う活動」であり，「第三次予防は，実際には治療を指しており，再発や悪化ならびに本人や周囲の人びとへの悪影響への予防につながる」として「真の予防とはまず第一次予防を指す」としている。予防活動については，第16巻「健康・医療心理学」，第22巻「精神疾患とその治療」で詳説するので，ここでは精神障害のある方への予防活動は公認心理師にとっての重要な業務であり，精神障害のある方への必要な支援であることを確認することに留めておく。

◆学習チェック表
☐　精神障害者の心理アセスメントと心理的支援について理解した。
☐　チーム医療の中での心理職の果たす役割を理解した。
☐　障害福祉施策の歴史や福祉サービスについて理解した。
☐　生物心理社会モデルに基づくアセスメントの必要性について理解した。
☐　精神障害者への合理的配慮について理解した。

より深めるための推薦図書

狩野力八郎（2009）方法としての治療構造論. 金剛出版.

野中猛・高室成幸・上原久（2007）ケア会議の技術. 中央法規出版.

野村れいか編, 国立病院機構心理療法士協議会監修（2017）病院で働く心理職―現場から伝えたいこと. 日本評論社.

Pataki, C. S., Sussman, N.(2015)Kaplan & Sadock's Synopsis of Psychiatry: Behavioral Sciences / Clinical Psychiatry, 11th Edition. LWW.（井上令一監修, 西宮滋子・田宮聡監訳（2016）カプラン臨床精神医学テキスト― DSM-5 診断基準の臨床への展開. メディカル・サイエンス・インターナショナル.）

杉本豊和・伊藤千尋・森谷康文編（2018）精神障害のある人と家族のための生活・医療・福祉制度のすべてQ & A　第 11 版. 萌文社.

文　　献

岩崎徹也（2002a）病態水準. In：小此木啓吾編（2002）精神分析事典. 岩崎学術出版社, p.416.

岩崎徹也（2002b）カーンバーグ, オットー・F. In：小此木啓吾編（2002）精神分析事典. 岩崎学術出版社, p.511.

日本臨床心理士会監修, 江口昌克編（2017）ひきこもりの心理的支援―心理職のための支援・介入ガイドライン. 金剛出版, pp.39-55.

金沢吉展（2004）臨床心理的コミュニティ援助論. In：金沢吉展編（2004）臨床心理学全書 11 臨床心理的コミュニティ援助論. 誠信書房, pp.11-19.

近藤直司（2012）医療・保健・福祉・心理専門職のためのアセスメント技術を高めるハンドブック. 明石書店.

厚生労働省（2011）精神科治療のいろいろ. In：知ることから始めようみんなのメンタルヘルス総合サイト―こころの健康や病気, 支援やサービスに関するウエブサイト. https://www.mhlw.go.jp/kokoro/support/medical_2.html

厚生労働省（2011）専門的な情報. In：知ることから始めようみんなのメンタルヘルス総合サイト―こころの健康や病気, 支援やサービスに関するウエブサイト. https://www.mhlw.go.jp/kokoro/support/medical_2.html

厚生労働省（2018）公認心理師法（平成 27 年法律第 68 号）第 42 条, 公認心理師法第 42 条第 2 項に係る主治の医師の指示に関する運用基準について. 29 文科初第 1391 号, 障発 0131 第 3 号, 平成 30 年 1 月 31 日通知.

厚生労働省 HP：障害者就業・生活支援センター. http://www.mhlw.go.jp/stf/seisakunitsuite/bunya/koyou_roudou/koyou_shougaishakoyou/shisaku/shougaisha/

厚生労働省 HP：地域生活定着支援センター. http://www.mhlw.go.jp/stf/seisakunitsuite/bunya/hukushi_kaigo/seikatsuhogo/kyouseishisetsu/

厚生労働省 HP：ひきこもり対策推進事業. http://www.mhlw.go.jp/stf/seisakunitsuite/bunya/hukushi_kaigo/seikatsuhogo/hikikomori/

厚生労働省 HP：心神喪失者等医療観察法. http://www.mhlw.go.jp/stf/seisakunitsuite/bunya/hukushi_kaigo/shougaishahukushi/sinsin/gaiyo.html

Liberman, R. P., DeRisi, W. J. & Mueser, K. T.(1989)Social Skills Training for Psychiatric Patients. Pergumon Press.（池淵恵美監訳（1992）精神障害者の生活技能訓練ガイドブック. 医学書院.）

増沢高（2011）事例で学ぶ社会的養護児童のアセスメント―子どもの視点で考え適切な支援を

見出すために．明石書店．

松井紀和（2002）精神科作業療法の手引―診断から治療まで．牧野出版，p.9.

McWilliams, N.(1994)*Psychoanalytic Diagnosis: Understanding Personality Structure in the Clinical Process.* Guilford Press.（成田善弘監訳（2005）パーソナリティ障害の診断と治療．創元社，p.416.）

内閣府HP：合理的配慮等具体例データ集　合理的配慮サーチ．http://www8.cao.go.jp/shougai/suishin/jirei/index_seishin.html

名島潤慈（2011）心理アセスメント．In：鑪幹八郎・名島潤慈編：心理療法家の手引き〔第3版〕誠信書房，pp.32-63.

野中猛（2003）図説精神障害リハビリテーション．中央法規，pp.98-99.

野中猛（2011a）ケア会議で学ぶ精神保健ケアマネジメント．中央法規．

野中猛（2001）ケアマネジメント実践のコツ．筒井書房．

野中猛（2011b）図説 リカバリー―医療保健福祉のキーワード．中央法規．

楢林理一郎（2013）精神科医療における家族療法．In：日本家族研究・家族療法学会編（2013）家族療法テキストブック．金剛出版．pp.154-159.

東大生活技能訓練研究会（代表 宮内勝）編（1995）わかりやすい生活技能訓練．金剛出版．

津川律子・篠竹利和（2010）シナリオで学ぶ医療現場の臨床心理検査．誠信書房，pp.202-208.

上田敏（2010）ICF（国際生活機能分類）の理解と活用―人が「生きること」「生きることの困難（障害）」をどうとらえるか．萌文社．

上島国利・立山萬里・三村將編（2017）精神医学テキスト［改正第4版］―精神障害の理解と治療のために．南江堂，pp.245-304.

山根寛（2017）精神障害と作業療法―病いを生きる，病いと生きる　精神認知系作業療法の理論と実際　新版．三輪書店，pp.216-217.

第13章

発達障害者への必要な支援

小貫　悟

Keywords　ICF モデル，ライフスパン，相談活動，特別支援教育，連携，就労，カウンセリング，アセスメント，スキルトレーニング，コンサルテーション

■ I　発達障害児・者への支援とは

　発達障害の支援にあたる者は「障害」へ向き合い，支援者としてのその概念形成をバランスよく行う必要がある。そして，個々の支援者の障害概念は支援経験を重ねることで，より深まりをみせていく。そして，それが「発達障害児・者をどう支援していくべきなのか」というテーマへの支援者としての基本スタンスを完成させる。本稿では「障害とは」「支援の在り方とは」を問いながら，発達障害児・者への「年齢段階に応じた支援のポイント」「支援の技法論」について述べる。

■ II　発達障害児・者への支援の在り方── ICF モデルを活用した自身の支援アプローチの俯瞰・整理

　世界保健機関（WHO）は「障害」を ICF モデル（図1）によって捉えることを提唱している。

　この ICF モデルでは生活機能として〈心身機能〉〈活動〉〈参加〉を挙げている。これらのそれぞれに対してどの程度「制限」が生じているのかが「障害の程度」を決める。ここで注目すべきなのは，それぞれの項目が両矢印（⇔）で繋がっている点である。これは，それぞれの項目は互いに影響し合うということを意味し「相互作用モデル」と呼ばれる。つまり，障害のある人の生活に〈参加〉できる程度を増やすことによって〈活動〉の程度が上がり〈活動〉の程度が上がることによって〈参加〉できる程度も上がるのである。これは，支援者が〈活動〉〈参

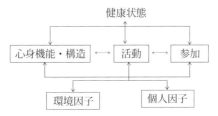

図1　ICF（国際生活機能分類）モデル（WHO, 2001）

加〉のいずれかの視点からでも支援を始めれば常に「障害」全体に影響をもたらすことを意味する。このモデルについて，さらに注目すべき点は〈参加〉〈活動〉の良き変化（制限が減ること）は〈心身機能〉そのものにも影響するという点である。発達障害の原因は「中枢神経系の機能障害」と推定されている。そのせいか，発達障害のある人の読み書き，注意力，対人関係などの困難について，将来的にも「成長が起きない」というような誤解を持たれることがある。しかし，実際には発達障害のある子のそれらの能力もゆっくりであるが発達し続けている。発達障害のある子・者に〈参加〉できる場を増やす支援や，〈活動〉できる力も増やす支援は，〈心身機能〉にさえ影響をもたらすというのが ICF モデルが示すところでもある。〈参加〉〈活動〉〈心身機能〉の３つは発達障害児・者への支援のキーワードである。さらに，これら「生活機能」を支える「背景因子」に〈個人因子〉と〈環境因子〉とがある。この２つの因子からも自分の支援の在り方を整理することが可能になる。発達障害児・者の〈個人因子〉を変化させるために「カウンセリング」や「スキルトレーニング」などの技法論を使っての心理的安定を図る支援，社会への適応能力を高める支援が行われる。一方，〈環境因子〉を変化させるために，周囲の理解者を増やす，置かれている環境調整をするなどアプローチが行われる。支援者は自身の支援内容がどちらに力点を置いたものであるのかを意識する必要がある。ただし，この２つはやはり「相互作用モデル」によって影響し合うので，本質的には両者に対するアプローチにもなっている。自身の支援が，障害全体に対してどのように影響しているのかを，ICF モデルを下敷きに考えることは支援の実際場面において意義がある。

■ III　各年齢段階における発達障害児・者支援のポイント──ライフスパンの視点での支援

　発達障害の支援の特徴の一つに，彼らの困難が一生涯を通して続く視点，つま

り「ライフスパン」を見据えた支援が求められる点がある。彼らの障害特性は当事者本人の意識がない乳幼児期から確認されることも多い。さらに，学童期，思春期，青年期，成人期などのそれぞれの時期に特有なさまざまな困難が生じる。さらに今後は中年期，老年期における課題についても明らかにされていくであろう。ライフスパンに渡っての支援の必要性から，文部科学省は，特別支援教育の視点からたいてい単年度単位で作成される「個別の指導計画」だけでなく，幼稚園，小学校，中学校に渡って経年に渡って作成し続ける「個別の教育支援計画」の作成も求めている。厚生労働省も同様に生涯に渡って作成すべき「個別支援計画」を提示している。しかし実際には「ライフスパンに渡る支援」の実現は容易なことではない。ある発達段階での支援内容やポイントは別の段階とは大きく違う。また，同じ支援者が一貫して担当することも不可能である。長期にわたって受ける支援には，心理職だけでなく，教育，医療，福祉など多岐にわたる専門家が関わることになる。職域が違うと支援に対する意識やその力点も変わってくる。発達障害へのライフスパンに渡る支援には，その発達課題の変化への対応，担当者間の引き継ぎ，他領域との連携などの極めて現実的で容易ではないテーマが多く含まれる。以下に，心理職の視点からの年齢段階別の支援ポイントを示す。

1．乳幼児期の支援のポイント

　本人はまだ幼い段階のこの時期では，乳幼児健診などの場での「子育てのしにくさ」「発達のゆっくりさ」「なんとなく感じる違和感」などの保護者側からの申し出であったり，専門家からの運動発達，行動特徴，言語発達上の停滞や偏りなどについての指摘をきっかけに，発達障害の可能性が検討され始めることが多い。社会的に発達障害の存在がよく知られていない頃には，保護者からの主訴に対して支援者側が発達障害の可能性を告げ，経過観察や継続支援の対象とするケースが大半だった。しかし，最近では，発達障害の存在が社会的に広く知られるようになったこともあり，保護者側からわが子の状態に対して発達障害の可能性を支援者に尋ねてきたり，その可能性を視野に自主的に継続支援を望むケースが増えている。こうした保護者側の意識の変化の中で，支援者は子どもの状態や変化に注目するだけでなく，保護者の不安感についても丁寧な支援をしていく必要が生じている。他のどの発達段階の時期よりも保護者と子どもとの距離感が近く，子どもに全神経が集まっているこの時期には，子育てに関する不安と心配は四六時中生じている。子どもの周辺に起きる心理的な不安定感が子どもに影響する部分は大きく，保護者の行き過ぎた不安感や焦燥感に対しては適切な相談活動によっ

て安定的な子育て状況を取り戻すように支援していかなければならない。そのためにも、対象となっている子どもの発達の様子に標準的なプロセスから外れている部分があるようなら、それを保護者と支援者が客観的に共有し、その理解に応じた具体的な支援方法を行いながら、ともに同じペースで歩むような支援が求められる。

2．学童期の支援のポイント

発達障害児への支援は、小学校に上がった時期から質量ともに本格化する。この時期には多岐にわたる困難や課題が次々に生じる。義務教育段階においては通常の学級に在籍する6.5％（文部科学省，2012）の子どもに発達障害の特徴がみられると言われている。心理職の活躍が求められる別の教育課題である不登校の児童生徒の出現率が毎年約2～3％であることと比べてみても、学校領域を活動の中心とする心理職にとって、発達障害児への支援は大きな比重を占める。

この時期の発達障害児への支援は、基本的に「特別支援教育」の枠組みに組み込まれて組織的、計画的になされる。スクールカウンセラーや教育委員会や支援機関内の相談員などの立場で働くことになる心理職は、特別支援教育という枠組みをしっかり意識しつつ仕事する必要がある。また、薬物療法が必要なケースには医療との連携もテーマとなる。さらに、乳幼児期と同様に、保護者を中心とした発達障害のある本人の周辺の不安や行き詰まりへの支援も求められる。以上を踏まえ、学童期の支援のポイントについて、以下に〈特別支援教育〉，〈連携〉，〈相談活動〉の3つのキーワードによって論じる。

① 〈特別支援教育〉の枠組みの中で支援

平成19（2007）年度の学校基本法の一部改正より、わが国の障害児教育は「特殊教育」から「特別支援教育」へと改称された。特別支援教育への移行の最大の変更点は、「従来の特殊教育の対象に加えてLD，ADHD，高機能自閉症」をその対象としたことである。つまり、現在では発達障害と分類される状態が、公教育における障害児教育の対象として正式に認められたのである。わが国の障害児教育における戦後最大の改革とも言える「特別支援教育」への移行によって、発達障害への学校教育における支援は飛躍的に進歩していくことになった。学校現場に深く関与する心理職の発達障害児への支援において重要なのは、各学校における特別支援教育体制である。平成15（2003）年には校務分掌として各校に「特別支援教育コーディネータ」が配置されることとなり、特別支援教育コーディネ

ータには校内に特別支援教育に関して組織される「校内委員会」の運営の実務的中心となることが求められるようになった。そして，校内委員会は「実態把握」に努め，「個別の指導計画」の作成を行う。「実態把握」とは支援領域で言う「アセスメント」に相当するものである。いかなることにつまずきがあるのか（学習面，行動面，運動面，情緒面など），医療的対応の有無，生育歴などがその対象となる。また，「個別の指導計画」は教育的な支援の設計図となるものである。年間目標（長期目標），学期目標（短期目標），指導方法，指導の結果（評価）などが記載される。学級内での行動観察や，不安を感じている保護者への支援，学級担任への支援などを日々の活動として行っているスクールカウンセラーは，校内委員会に出席して，そうした評価や対応方法の決定を行うための一員として意見を求められることも多い。校内委員会を支える正確な「実態把握」と的確な「個別の指導計画」作成には心理の専門家の視点は欠かせないからである。

②〈連携〉を前提にした支援

　学童期の発達障害の支援においては〈連携〉は重要なキーワードである。特に，学校現場で働くスクールカウンセラーをはじめとする心理職の仕事として，医療機関との連携が不可欠になる場合が少なくない。医療機関との連携が発生するケースの多くが，発達障害のある子が薬物療法を受けている場合であり，特にADHDへの薬物療法がよく知られている。薬物療法を行っているケースでは，その子が籍を置く学校と医療機関との連携は必須である。なぜならば，薬物療法のほとんどが学校での適応を目指すものであり，その効果が学校生活にどのように，どの程度，効いているのかが，医療側にとって的確な処方を行うために重要な情報となるからである。一方，学校としても主治医がその子の症状をどのように捉え，どのような治療計画を考えているかは是非に知っておきたい事柄である。こうした医療機関とのやりとりにおいて，心理職として，医療機関から提供される心理アセスメントの情報や医学的所見などを校内の教員に解説する機会が生じる。

　学校における〈連携〉のテーマを考えるときには「縦の連携」「横の連携」という視点を持っていると便利である。「縦の連携」とは時系列間の連携である。例えば，幼稚園，保育園から小学校に上がる際に，就学前の支援内容やその効果が小学校に伝えられると入学直後の滑り出しがスムーズになる。学年進行が進む中で，学級担任による学年間の連携も必要になる。さらに中学校への進学する際には，小学校6年間に渡って蓄積された支援の歴史の情報は貴重な引き継ぎ内容になる。長く続く発達障害の支援には，このような時系列での情報の引き継ぎ（縦

の連携）が欠かせないものであり，その際のスクールカウンセラー等が担う役割は大きい。さらに「横の連携」では「その時点」での学校内外のリソースを繋げるものであり，前述した医療機関との連携はその代表的な例である。「横の連携」における心理職の仕事としては，校内委員会への出席，保護者との相談活動などが重要な仕事になることも前述した通りである。

③〈相談活動〉による組織的対応が行われる以前の支援

　ここまでに論じた〈特別支援教育〉〈連携〉は，支援対象になっている発達障害のある子に対する校内の「気づき」や「対応」が適切にされている状態ではじめて機能する。しかし，学校現場の現実としては，そのような「気づき・対応」がうまくいっていないケースも少なくない。そのため，学校としての組織的な対応にまで至っていない発達障害が疑われる子に心理職が応急処置的に対応することも多くなる。こうしたケースは，学級担任はその不適応に気づいているけれども，その子の保護者にはその認識がない場合や，その逆のケースもある。学級担任によっても，起きている学級内の不適応状況を発達障害によるものと考える場合と，そう考えない場合もある。このようにその子に関係する大人によって理解の差が生まれやすいのも発達障害の特徴の一つである。こうしたことについて発達障害の支援を行う心理職が肝に銘じるべき事柄の一つとして，発達障害の臨床的特徴には「状況によって状態像に変化が生じる」ことがある。筆者はこれを発達障害の「状況依存性」と呼んでいる。例えば，ADHD の不注意や多動の程度が，学校と家庭では違って見えることがある。これはその子の居る状況での注意集中を妨げる「刺激量」の違いの影響である。また，ASD の子が学級での授業や指導の中では，その指示内容の曖昧さによって不適応の度合いが違ってくることもよく知られている。これは状況の「構造化」の度合いの影響と言われる事象である。LD のある子どもの中には，全体学習の場面では説明がうまく理解できないが個別的にやりとりして説明されるとよく理解できる子がいる。これは「学習形態」の違いによる影響である。このように発達障害のある子は，周囲の状況の違いで，できることできないことに差が大きくなる傾向がある。この特徴こそ，前述した ICF モデルにおける「環境因子」の影響である。このように，その子が見せる臨床像には場所や状況による影響が避けられないため，違った場や状況で関係する大人の間には理解の構造的な不一致が起きやすい。理解がばらつき，その結果，明確な組織的対応までに至らないケースへの対応は学校現場の心理職の出番と言える。保護者，学級担任などのそれぞれに違った状況や立場を理解しつつ，そこから生じ

る理解の違いを組み合わせ，つなぎ合わせて，その子への組織的な対応へと繋げていく相談活動が求められる。

3．思春期の支援のポイント

　小学校高学年の後期から中学校，高等学校に通う時期には，他の子と同様に，発達障害のある子も思春期特有の心理的な難しさを持つ。さらに発達障害がある子は，自己への気づきや周辺の反応に関する理解の深まりとともに，自分の「できなさ」に直面することになりがちである。見た目にはそうしたことに無頓着でいられる子もいる。しかし，そうした子も心の深い所でいろいろと感じていたことを大人になってから言語化したりする。周囲にいる大人は，彼らの自覚的，無自覚的な心理的な苦しみに配慮する心構えが必要である。発達障害から生じる劣等感，自信喪失，自己イメージの貧困化などを例とする心理的窮地は「二次症状」「二次障害」と呼ばれる。しかし，現実的には，不登校，乱暴な言動などをはじめとする「行動化」が生じ，誰の目から見てもその状態が明確になってから初めて彼らが「二次症状」「二次障害」を持っていると理解され，ようやく対応が始められることがほとんどである。心理を専門とする支援者には行動化まで至っていない心理的不適応をいかに掴むかが期待される。

　発達障害のある子の「不登校」の発生のメカニズムは，定型発達の子と同様，個々のケースに違いがあり簡単に述べることはできない。しかし，発達障害の子の不登校に際しては考慮しなければならないポイントはある。その一つは，不登校に至る以前の彼らの度重なる「失敗体験」である。発達障害のある子の場合には学校生活での繰り返しの失敗が起きやすく，それに対して，さらに「失敗しないように……」という教師からの指導が入りやすい。そんな中で，失敗しない対処行動として「失敗する場所に参加しない」という選択肢が生じるケースがある。発達障害のある子の周辺には「失敗」が溢れている。家族，教師，支援者が小さな頃からその子の「失敗」にどのように接し，どのように振る舞ってきたかが，本人の失敗への対処行動の傾向を決める。その子の周囲の関係者に対してこうした心理的影響について伝えるのも心理職の大事な仕事の一つである。

4．成人期の支援のポイント

　「成人期」がどこから始まるのかの定義は曖昧である。法律，生物学，心理学，医学などそれぞれの立場でその基準は変わる。あくまで「支援」の視点を描こうとする本稿においては，そうした操作的な定義を一旦わきに置き，発達障害者支援

の文脈において考えると，おそらく高等学校，専門学校，大学などのいわゆる教育期間を終えて社会人となる時期からをそうと呼ぶと，当事者，家族，支援者の立場からは最も実感を伴うものになりそうである。なぜなら，このタイミングで，彼らにとって人生の大イベントである「就職」「就労」の課題に直面するからである。この時になって，それまで身につけてきたこと，例えば，感情のコントロール力，問題解決能力，自己理解の深さ，家族との関係などの真価が問われることになる。この時期以前であれば，学校教育の枠組みの中で庇護され，計画的で組織的にさまざまな支援を受けられたわけだが，この時期からは基本的に本人の障害のことも，その生い立ちも詳しくは知らない不特定多数の人からなる一般社会と対峙することになる。もちろん，就職を控えた時期には，発達障害の有無を超えて，すべての青年にも似たような心理的な危機が生じやすい。しかし，発達障害のある人は，さらに難しい状況に直面する。平成22（2010）年の障害者自立支援法の改正を受け，発達障害のある人は精神障害保健福祉障害手帳を取得できるようになった。また，平成28（2016）年の障害者雇用促進法の改正により障害者雇用の法定雇用率（事業所単位でどの程度の障害者雇用をしなければならないかという割合を示したもの）に発達障害を含む精神障害も算定されるようになり，発達障害者の就労の機会の拡大も図られている。こうした社会的な動きの中で，発達障害のある人は，障害者枠での就労を目指すのか，それとも手帳無しでの一般的な就労を目指すのかの選択を迫られる。これが自身の持つ発達障害についての自己理解についての大きな節目となることが多い。実際には，数度の転職の紆余曲折を経てから障害者手帳の取得に踏み切るといった，迷いに迷って最終的な決断にたどり着くケースも少なくない。まだ経験もしたことがない未来の自分を見通して将来の在り方を決めなければならないこの時期には，発達障害のある人の特性を考えれば，専門家による支援が必要不可欠である。

　さらに「就職」の後には「就労継続」というテーマが続く。職場や職務との相性はやはりやってみないとわからない側面がある。特例子会社や支援事業所などの支援者が直接関わりやすい職場で働く場合もあれば，一般企業の一部署の中に配置されながら働くケースもあろう。職業自立に向けて発達障害のある人が支援者とどうつながり，支援をどう受けるかも，その成否を分ける要素の一つである。支援者とつながる力も支援を上手に受けられる力も，小さな頃からの支援体験から得られる産物である。そう考えると，この時期は，当事者自身だけでなく，それまでの支援者の支援の質や在り方の真価が問われる時期であるとも言える。

表1 LD の定義（文部科学省, 1999）

学習障害とは，基本的には全般的な知的発達に遅れはないが，聞く，話す，読む，書く，計算する又は推論する能力のうち特定のものの習得と使用に著しい困難を示す状態を指すものである。

学習障害は，その原因として，中枢神経系に何らかの機能障害があると推定されるが，視覚障害，聴覚障害，知的障害，情緒障害などの障害や，環境的な要因が直接の原因となるものではない。

■ IV 発達障害に対する心理的支援の技法論

　ここからは，以上に述べたライフスパンを見据えた支援をベースにした心理的支援について，心理職が行う技法論の切り口から支援を考えてみる。ここでは「アセスメント」「カウンセリング」「スキルトレーニング」「コンサルテーション」の技法論を整理する。

1．アセスメント

　発達障害の支援にあたって心理職が担う仕事として重要なものの一つに「アセスメント」がある。発達障害の支援に関する相談活動を始めるにあたって，生育歴，家族歴，教育歴，支援機関，学校での様子（行動面，社会性），学力状況等々，事実関係としてアセスメントしておくべきことは多い。そうしたアセスメント全体においても，さらに重要になるのが心理検査等を使用して行われる「心理アセスメント」である。心理アセスメントの中でも認知能力検査（知能検査）の実施は発達障害の支援では最重要になる。発達障害の支援において認知能力検査の使用が不可欠な理由を LD の定義を通して以下に説明する。

　表1に示したのは，1999 年に文部科学省の調査協力者会議によって示された学習障害（LD）の定義であり，これがわが国の LD の教育定義とされている。つまり，この定義に書かれた内容が確認された子が教育領域においては LD と判断される。この定義には3つのことが書かれている。それが①全般的な知的発達に遅れはない（知的障害との鑑別），②聞く，話す，読む，書く，計算する，推論するなどの習得と使用に著しい困難を示す（基礎学力習得の不適応），③その原因として中枢神経系の機能障害が推定される（発達上の困難），である。この3つのそれぞれに関して，その可能性が十分に確認された子を LD としての支援を必要とする子とするわけである。このことをメカニズム的に図示したものが図2（上野，2001 を改変）である。その子の，もともとある「中枢神経系の機能障害」が

中枢神経系の機能障害

⬇

認知（情報処理）過程の特異的障害

⬇

基礎学力の特異的習得困難

図2　LD の発生メカニズム（上野，2001 を改変）

「認知能力の偏り（遅れではなく）」を生み，それが「基礎学力の特異的な習得困難」を生むという図式である。この流れの中で，中枢神経系の機能障害の推定では医学的評価に頼る必要があり，認知能力の実態を知るには認知能力検査が必須である。特に上記の①の知的障害との鑑別を目的とするときに必要なのはIQチェックであり，そのためにわが国では田中ビネー式知能検査かウェクスラー式知能検査が選択されることになる。さらに認知的な「遅れ」の有無だけでなく「偏り」の情報を知りたい発達障害の支援の場では，この2つ検査のうち，ウェクスラー式検査（現在は WIPPSI-III, WISC-IV, WAIS-IV）が優先的に使用されることになる。ただし，実際には認知能力の偏りの把握については，ウェクスラー式の検査が想定している指標のみでは把握できない特性を持つ発達障害も多く，KABC-IIや DN-CAS などの複数の認知能力検査を組み合わせたテストバッテリーを組むことも時に必要である。

　LD 支援がわが国より数十年早く始まった米国などの状況をみると，基礎学力の把握ができる「学力アセスメント」が心理職の重要な仕事になっている。わが国には，DSM-5 での「限局性学習症」の診断に必要とされる「個別施行の標準化された到達尺度」なるものが極端に少ない状況である。しかし，将来的にはこうした道具を使いこなせる心理職が欠かせない状況となるであろう。支援現場から研究領域に対して期待するものの一つが「学力アセスメント」が行えるための検査の開発である。

　心理アセスメントは，発達障害支援の他領域全体（医療，教育，福祉など）から見て心理職の職務として他と差別化される重要な職業スキルである。実施だけでなく解釈についても，専門知識に裏付けられた役に立つ所見が書けることは心理職の責務である。

2．カウンセリング

　心理職が得意とする臨床技法の一つに「カウンセリング」がある。面接場面での「対話」によって自分の置かれた状況を整理し今後の自分の在り方への指針を得ることができるのがこの技法の売りである。特に，本稿でたびたび述べてきた発達障害児・者の過去における失敗体験の蓄積から生じた劣等感，自信喪失，自己イメージの貧困化などの心理的課題に取り組む場合にカウンセリングの技法が使用されることが多い。心理臨床領域におけるカウンセリングによる支援の歴史は長い。しかし，発達障害のある人へのカウンセリングの体系的な研究や経験値の蓄積は十分ではない。発達障害者へのカウンセリングは各個人の特性によっては「向き，不向き」が起こりやすい。カウンセリングでは，言語能力，非言語能力，イメージ力の違いがその有効性に大きく影響する。人によっては，カウンセリングによってかえって心理的な状況に混乱が起きてくるということが起こる。カウンセリングの実施に向けては，その適応に関する正確な見立てが最重要である。

　発達障害者の心理療法的効果における重要な視点の一つに「成長体験の実感」がある。過去の度重なる失敗体験や傷つき体験を癒すためには，その一方にある自己の成長の事実や実感が必要である。発達障害者のある人の苦しみは，その「発達の滞り」に起因していることが多い。しかし，発達障害児・者も日々「発達し続けている」という事実に気づくことが必要である。その視点から考えると，具体的な解決の方法を検討したり，自力による解決の事実を積み上げていくことを目標にしたカウンセリングが極めて有効になるはずである。この視点をさらに進めると具体的な課題解決に直接関連する対話をその中心とする「コーチング」と呼ばれる手法になる。今後の発達障害への技法論としては，カウンセリング理論とコーチング理論との折衷的な視点を持つ技法論への議論が必要であろう。

3．スキルトレーニング

　「スキルトレーニング」はさらに具体的に発達障害への苦手な部分に積極的に介入する方法論である。スキルトレーニングは苦手さを伸ばす方法という誤解をたびたび受ける。しかし，正確に言えば，苦手さをカバーするためのスキルを獲得する方法を身につける場である。例えば，人との関係を構築するのが苦手な発達障害児・者に対して，人づきあいの良い人に変わることを目的とするのではなく，人との関係が苦手な状況で，どのようなスキルを使って不利（Handicap）を

回避するかを考え，その方法を習得するのがスキルトレーニングなのである。この例では，具体的なアプローチとして「自分は人とのつきあいが苦手であることを伝えるスキル」「他者からアプローチされたときに失礼にならない程度のコミュニケーションで済ませるスキル」「話したりするのが苦手であれば書いたものなどでコミュニケーションできるスキル」などのスキル習得が考えられる。このようにスキルトレーニングとは，現実への適応的な状況を生むスキルを獲得する場である。しかし，その中で繰り返される「成功体験」の持つ心理療法的な効果も無視できない。トレーニングの場での成功であったとしても，成功の繰り返しはカウンセリングの説明箇所で述べた「成長体験の実感」に結び付く場になる。心理職が行うスキルトレーニングではそうした機能を持つ場になるように配慮したい。

4．コンサルテーション

　心理職の発達障害支援においては「コンサルテーション」を行う機会も多い。直接の本人への支援だけでなく，本人の周囲に居る人々に対する本人の特性の理解が精緻になるような説明や，その対応を提案することは極めて重要な仕事である。具体的には，家族へのサポート全般，学級担任の支援の方針決め，職場の上司などへの本人の特性の説明などがコンサルテーションの技法に分類される仕事となる。コンサルテーションが上手に行われると，専門家がバックアップしてくれている安心感や，実際に起きてくると予測される問題への準備，問題が起きた時の具体的対処への指針の決定などがスムーズに行える。このように発達障害のある子どもや人にとって重要な役割を持つコンサルテーションの技法であるが，発達障害への適用に絞ると体系的に整理されているとは言い難い。今後，実践の場の必要性としてさらなる議論が求められることになろう。

◆学習チェック表
□　支援の方向性を知るために ICF モデルを下敷きにする意義が理解できた。
□　ライフステージに応じた支援の視点の相違や関係が理解できた。
□　発達障害に対する心理的支援の技法の概要と個々の課題を知ることができた。

より深めるための推薦図書
　上田敏（2005）ICF の理解と活用．きょうされん．
　日野市公立小中学校全教師・日野市教育委員会 with 小貫悟（2010）通常学級での特別支援教育のスタンダード．東京書籍．

Quinn, P. O., Ratey, N. A., & Maitland, T. L.（2000）*Coaching College Students with AD-HD: Issues and Answers*. Advantage Books.（篠田晴男・高橋知音監訳（2011）ADHD コーチング―大学生活を成功に導く援助技法．明石書店．

文　　献

American Psychiatric Association（2013）*Diagnostic and Statistical Manual of Mental Disorders 5th Edition*. American Psychiatric Association, Washington DC.（日本精神神経学会監修，高橋三郎・大野裕監修（2014）DSM-5　精神疾患の診断・統計マニュアル．医学書院．

文部省（1999）学習障害児に対する指導について（報告）．学習障害及びこれに類似する学習上の困難を有する児童生徒の指導方法に関する調査協力者会議．

文部科学省（2003）今後の特別支援教育の在り方について（最終報告）．特別支援教育の在り方に関する調査協力者会議．

文部科学省（2012）通常の学級に在籍する発達障害の可能性のある特別な教育的支援を必要とする児童生徒に関する調査について．

上野一彦・牟田悦子・小貫悟（2001）LD の教育．日本文化科学社．

WHO（2001）International Classification of Functioning, Disability and Health.（障害者福祉研究会（2002）ICF ―国際生活機能分類―国際障害分類改訂版．中央法規出版版．）

索　引

付録1：公認心理師法概要

一　目的

公認心理師の資格を定めて，その業務の適正を図り，もって国民の心の健康の保持増進に寄与することを目的とする。

二　定義

「公認心理師」とは，公認心理師登録簿への登録を受け，公認心理師の名称を用いて，保健医療，福祉，教育その他の分野において，心理学に関する専門的知識及び技術をもって，次に掲げる行為を行うことを業とする者をいう。

①心理に関する支援を要する者の心理状態の観察，その結果の分析

②心理に関する支援を要する者に対する，その心理に関する相談及び助言，指導その他の援助

③心理に関する支援を要する者の関係者に対する相談及び助言，指導その他の援助

④心の健康に関する知識の普及を図るための教育及び情報の提供

三　試験

公認心理師として必要な知識及び技能について，主務大臣が公認心理師試験を実施する。受験資格は，以下の者に付与する。

①大学において主務大臣指定の心理学等に関する科目を修め，かつ，大学院において主務大臣指定の心理学等の科目を修めてその課程を修了した者等

②大学で主務大臣指定の心理学等に関する科目を修め，卒業後一定期間の実務経験を積んだ者等

③主務大臣が①及び②に掲げる者と同等以上の知識及び技能を有すると認めた者

四　義務

1　信用失墜行為の禁止

2　秘密保持義務（違反者には罰則）

3　公認心理師は，業務を行うに当たっては，医師，教員その他の関係者との連携を保たねばならず，心理に関する支援を要する者に当該支援に係る主治医があるときは，その指示を受けなければならない。

五　名称使用制限

公認心理師でない者は，公認心理師の名称又は心理師という文字を用いた名称を使用してはならない。（違反者には罰則）

六　主務大臣

文部科学大臣及び厚生労働大臣

七　施行期日

一部の規定を除き，公布の日から起算して2年を超えない範囲内において政令で定める日から施行する。

八　経過措置

既存の心理職資格者等に係る受験資格等について，所要の経過措置を設ける。

付録2：大学及び大学院における必要な科目

○大学における必要な科目
A．心理学基礎科目
　①公認心理師の職責
　②心理学概論
　③臨床心理学概論
　④心理学研究法
　⑤心理学統計法
　⑥心理学実験
B．心理学発展科目
（基礎心理学）
　⑦知覚・認知心理学
　⑧学習・言語心理学
　⑨感情・人格心理学
　⑩神経・生理心理学
　⑪社会・集団・家族心理学
　⑫発達心理学
　⑬障害者・障害児心理学
　⑭心理的アセスメント
　⑮心理学的支援法
（実践心理学）
　⑯健康・医療心理学
　⑰福祉心理学
　⑱教育・学校心理学
　⑲司法・犯罪心理学
　⑳産業・組織心理学
（心理学関連科目）
　㉑人体の構造と機能及び疾病
　㉒精神疾患とその治療
　㉓関係行政論
C．実習演習科目
　㉔心理演習
　㉕心理実習（80時間以上）

○大学院における必要な科目
A．心理実践科目
　①保健医療分野に関する理論と支援の展開
　②福祉分野に関する理論と支援の展開
　③教育分野に関する理論と支援の展開
　④司法・犯罪分野に関する理論と支援の展開
　⑤産業・労働分野に関する理論と支援の展開
　⑥心理的アセスメントに関する理論と実践
　⑦心理支援に関する理論と実践

　⑧家族関係・集団・地域社会における心理支援
　　に関する理論と実践
　⑨心の健康教育に関する理論と実践
B．実習科目
　⑩心理実践実習（450時間以上）
　※「A．心理学基礎科目」，「B．心理学発展科
　　目」，「基礎心理学」，「実践心理学」，「心理学
　　関連科目」の分類方法については，上記とは
　　異なる分類の仕方もありうる。

○大学における必要な科目に含まれる事項
A．心理学基礎科目
①「公認心理師の職責」に含まれる事項
　1.公認心理師の役割
　2.公認心理師の法的義務及び倫理
　3.心理に関する支援を要する者等の安全の確保
　4.情報の適切な取扱い
　5.保健医療，福祉，教育その他の分野における
　　公認心理師の具体的な業務
　6.自己課題発見・解決能力
　7.生涯学習への準備
　8.多職種連携及び地域連携
②「心理学概論」に含まれる事項
　1.心理学の成り立ち
　2.人の心の基本的な仕組み及び働き
③「臨床心理学概論」に含まれる事項
　1.臨床心理学の成り立ち
　2.臨床心理学の代表的な理論
④「心理学研究法」に含まれる事項
　1.心理学における実証的研究法（量的研究及び
　　質的研究）
　2.データを用いた実証的な思考方法
　3.研究における倫理
⑤「心理学統計法」に含まれる事項
　1.心理学で用いられる統計手法
　2.統計に関する基礎的な知識
⑥「心理学実験」に含まれる事項
　1.実験の計画立案
　2.統計に関する基礎的な知識
B．心理学発展科目
（基礎心理学）
⑦「知覚・認知心理学」に含まれる事項

1. 人の感覚・知覚等の機序及びその障害
2. 人の認知・思考等の機序及びその障害
⑧「学習・言語心理学」に含まれる事項
　1. 人の行動が変化する過程
　2. 言語の習得における機序
⑨「感情・人格心理学」に含まれる事項
　1. 感情に関する理論及び感情喚起の機序
　2. 感情が行動に及ぼす影響
　3. 人格の概念及び形成過程
　4. 人格の類型，特性等
⑩「神経・生理心理学」に含まれる事項
　1. 脳神経系の構造及び機能
　2. 記憶，感情等の生理学的反応の機序
　3. 高次脳機能障害の概要
⑪「社会・集団・家族心理学」に含まれる事項
　1. 対人関係並びに集団における人の意識及び行動についての心の過程
　2. 人の態度及び行動
　3. 家族，集団及び文化が個人に及ぼす影響
⑫「発達心理学」に含まれる事項
　1. 認知機能の発達及び感情・社会性の発達
　2. 自己と他者の関係の在り方と心理的発達
　3. 誕生から死に至るまでの生涯における心身の発達
　4. 発達障害等非定型発達についての基礎的な知識及び考え方
　5. 高齢者の心理
⑬「障害者（児）心理学」に含まれる事項
　1. 身体障害，知的障害及び精神障害の概要
　2. 障害者（児）の心理社会的課題及び必要な支援
⑭「心理的アセスメント」に含まれる事項
　1. 心理的アセスメントの目的及び倫理
　2. 心理的アセスメントの観点及び展開
　3. 心理的アセスメントの方法（観察，面接及び心理検査）
　4. 適切な記録及び報告
⑮「心理学的支援法」に含まれる事項
　1. 代表的な心理療法並びにカウンセリングの歴史，概念，意義，適応及び限界
　2. 訪問による支援や地域支援の意義
　3. 良好な人間関係を築くためのコミュニケーションの方法
　4. プライバシーへの配慮
　5. 心理に関する支援を要する者の関係者に対する支援
　6. 心の健康教育
（実践心理学）

⑯「健康・医療心理学」に含まれる事項
　1. ストレスと心身の疾病との関係
　2. 医療現場における心理社会的課題及び必要な支援
　3. 保健活動が行われている現場における心理社会的課題及び必要な支援
　4. 災害時等に必要な心理に関する支援
⑰「福祉心理学」に含まれる事項
　1. 福祉現場において生じる問題及びその背景
　2. 福祉現場における心理社会的課題及び必要な支援
　3. 虐待についての基本的知識
⑱「教育・学校心理学」に含まれる事項
　1. 教育現場において生じる問題及びその背景
　2. 教育現場における心理社会的課題及び必要な支援
⑲「司法・犯罪心理学」に含まれる事項
　1. 犯罪・非行，犯罪被害及び家事事件についての基本的知識
　2. 司法・犯罪分野における問題に対して必要な心理に関する支援
⑳「産業・組織心理学」に含まれる事項
　1. 職場における問題（キャリア形成に関することを含む。）に対して必要な心理に関する支援
　2. 組織における人の行動
（心理学関連科目）
㉑「人体の構造と機能及び疾病」に含まれる事項
　1. 心身機能と身体構造及びさまざまな疾病や障害
　2. がん，難病等の心理に関する支援が必要な主な疾病
㉒「精神疾患とその治療」に含まれる事項
　1. 精神疾患総論（代表的な精神疾患についての成因，症状，診断法，治療法，経過，本人や家族への支援を含む。）
　2. 向精神薬をはじめとする薬剤による心身の変化
　3. 医療機関との連携
㉓「関係行政論」に含まれる事項
　1. 保健医療分野に関係する法律，制度
　2. 福祉分野に関係する法律，制度
　3. 教育分野に関係する法律，制度
　4. 司法・犯罪分野に関係する法律，制度
　5. 産業・労働分野に関係する法律，制度
㉔「心理演習」に含まれる事項
　（略）
㉕「心理実習」に含まれる事項
　（略）

執筆者一覧

石倉　健二（いしくらけんじ：兵庫教育大学大学院特別支援教育専攻）

奥住　秀之（おくずみひでゆき：東京学芸大学教育学部特別支援科学講座）

香野　　毅（こうのたけし：静岡大学教育学部特別支援教育）

小林潤一郎（こばやしじゅんいちろう：明治学院大学心理学部教育発達学科）

小林真理子（こばやしまりこ：山梨英和大学人間文化学部人間文化学科）

小貫　　悟（こぬきさとる：明星大学心理学部心理学科）

佐藤　克敏（さとうかつとし：京都教育大学 発達障害学科）

高橋　美保（たかはしみほ：東京大学大学院教育学研究科臨床心理学コース）

田中　敦士（たなかあつし：札幌学院大学人文学部人間科学科 ）

柘植　雅義（つげまさよし：筑波大学人間系知的・発達・行動障害学分野）

野口　和人（のぐちかずひと：東北大学大学院教育学研究科・教育学部）

本吉　大介（もとよしだいすけ：熊本大学大学院教育学研究科）

鷲塚　伸介（わしづかしんすけ：信州大学医学部精神医学教室）

監修　野島一彦（のじまかずひこ：九州大学名誉教授・跡見学園女子大学名誉教授）
　　　繁桝算男（しげますかずお：東京大学名誉教授）

編者略歴
柘植雅義（つげまさよし）＝筑波大学名誉教授（知的・発達・行動障害学分野）
略歴　国立特別支援教育総合研究所，カリフォルニア大学 UCLA，文部科学省，兵庫教育大学，
　　　国立特別支援教育総合研究所などを経て，2014 年 4 月より筑波大学人間系教授。2024 年
　　　3 月より現職。博士（教育学）

石倉健二（いしくらけんじ）＝兵庫教育大学大学院特別支援教育専攻教授
略歴　九州大学，長崎国際大学を経て，2015 年 4 月より現職。博士 (心理学)

野口和人（のぐちかずひと）＝東北大学大学院教育学研究科・教授
略歴　東北大学教育学部，宮城教育大学，カリフォルニア大学サンディエゴ校，宮城教育大学特
　　　別支援教育総合研究センターなどを経て，2014 年 10 月より現職。博士（教育学）

本田秀夫（ほんだひでお）＝信州大学医学部子どものこころの発達医学教室教授
略歴　東京大学医学部医学科，東京大学附属病院，国立精神・神経センター武蔵病院，横浜市総
　　　合リハビリテーションセンター，山梨県立こころの発達総合支援センター所長，信州大学医
　　　学部附属病院子どものこころ診療部部長を経て，2018 年より現職。博士（医学）

公認心理師の基礎と実践⑬ ［第 13 巻］
障害者・障害児心理学

2020 年 3 月 20 日　第 1 刷
2024 年 10 月 15 日　第 5 刷

監 修 者　野島一彦・繁桝算男
編　　者　柘植雅義・石倉健二・野口和人・本田秀夫
発 行 人　山内俊介
発 行 所　遠見書房
製作協力　ちとせプレス（http://chitosepress.com）

株式会社　遠見書房
〒 181-0001 東京都三鷹市井の頭 2-28-16
TEL 0422-26-6711　FAX 050-3488-3894
tomi@tomishobo.com　http://tomishobo.com
遠見書房の書店　https://tomishobo.stores.jp

印刷・製本　モリモト印刷

ISBN978-4-86616-063-4　C3011

みんなの精神分析
その基礎理論と実践の方法を語る
（精神分析家）山﨑　篤著
19世紀の終わりに現れ，既存の人間観を大きく変えた精神分析はロックな存在。日本で一番ロックな精神分析的精神療法家が，精神分析のエッセンスを語った本が生まれました。2,420円，四六並

カウンセラー、元不登校の高校生たちと、フリースクールをつくる。
学校に居づらい子どもたちが元気に賑わう集団づくり　　野中浩一著
学校に「いる」ことが難しかった高校生たちが，やがて集団の中で笑いあい，人と積極的に関わるように……試行錯誤と希望の15年の軌跡。1,870円，四六並

発達支援につながる臨床心理アセスメント
ロールシャッハ・テストと発達障害の理解
（中京大学教授）明翫光宜著
本書は，発達障害特性のあるクライエントを理解し，さらにその支援につなげるための心理アセスメント，発達検査，ロールシャッハ・テストについて詳しく解説し尽くした論文集。3,080円，A5並

マンガで学ぶセルフ・カウンセリングまわせP循環！
東　豊著，見那ミノル画
思春期女子のたまひちゃんとその家族，そしてスクールカウンセラーのマンガと解説からできた本。悩み多き世代のための，こころの常備薬みたいに使ってください。1,540円，四六並

チーム学校で子どもとコミュニティを支える
教師とSCのための学校臨床のリアルと対応
（九州大学名誉教授）増田健太郎著
不登校・いじめ・学級崩壊・保護者のクレームなど，学校が抱える問題に教師やSCらがチーム学校で対応するための学校臨床の手引き。援助が楽になる関係者必読の一冊。3,080円，A5並

離婚・別居後の共同養育実践マニュアル
別れたふたりで子育てをするためのケーススタディ30　　しばはし聡子著
離婚した元夫婦がふたりで子育てに関わる方法やコツを伝える一冊。著者は，離婚後の共同養育を模索した経験を持ち，現在は共同養育を手助けする「りむすび」を立ち上げています。1,870円，四六並

そもそも心理支援は，精神科治療とどう違うのか？──対話が拓く心理職の豊かな専門性
（東京大学名誉教授）下山晴彦編
公認心理師の誕生で，心理支援のアイデンティティは失われてしまった。そんなテーマから生まれた対談集です。信田さよ子，茂木健一郎，石原孝二，東畑開人，黒木俊秀など。2,420円，四六並

天才の臨床心理学研究──発達障害の青年と創造性を伸ばすための大学教育
名古屋大学創造性研究会（代表 松本真理子）編
ノーベル賞級の「天才」研究者たちの創造性の原点とは？　才能をつぶすのも，広げさせるのも大学教育にかかっている現在，天才たちの個性と周囲のあり方を考えた1冊です。2,200円，四六並

学校における自殺予防教育のすすめ方［改訂版］
だれにでもこころが苦しいときがあるから
窪田由紀・シャルマ直美編
痛ましく悲しい子どもの自殺。食い止めるには，予防のための啓発活動をやることが必須。本書は，学校の授業でできる自殺予防教育の手引き。資料を入れ替え，大改訂をしました。2,860円，A5並

スピノザの精神分析
『エチカ』からみたボーダーラインの精神療法
（精神分析家・精神科医）川谷大治著
フロイトにも影響を与えた哲学者スピノザ。同じ精神分析家によるスピノザの哲学を真っ向から扱った一冊。長年の治療経験と思索から，「エチカ」と精神分析の世界を解き明かす。3,300円，四六並

価格は税込みです

※心と社会の学術出版　遠見書房の本※

遠見書房

**心理療法・カウンセリングにおける
スリー・ステップス・モデル**
「自然回復」を中心にした対人援助の方法
若島孔文・鴨志田冴子・二本松直人編著
３つの次元で進める心理支援法スリー・
ステップス・モデルを詳しく解説した１
冊。個人でもコミュニティでもさまざま
な場面で活用できる。2,860 円，A5 並

オープンダイアローグとコラボレーション
家族療法・ナラティヴとその周辺
　　浅井伸彦・白木孝二・八巻　秀 著
オープンダイアローグを多方面から見て
みることで，オープンダイアローグと，
その周辺の支援理論，哲学などを解説し，
オープンダイアローグ実践のための基本
をまとめたものです。3,080 円，A5 並

エンカウンター・グループの理論と実践
出会いと成長のグループ体験を学ぶ
　　（九州大学名誉教授）野島一彦 著
エンカウンター・グループを 50 年以上
にわたって実践と研究を牽引してきた著
者による論集。グループのダイナミズム
や特長を描き出し，理論と方法を余すと
ころなく伝えます。3,080 円，A5 並

事例で学ぶ生徒指導・進路指導・教育相談
中学校・高等学校編　第４版
　　長谷川啓三・佐藤宏平・花田里欧子編
思春期特有の心理的課題への幅広い知識
や現代社会における家庭の状況等の概
観，解決にいたったさまざまな事例検討
など，生きた知恵を詰めた必読の１冊が
第４版になりました。3,080 円，B5 並

ダイアロジカル・スーパービジョン
リフレクションを活用した職場文化のつくりかた
カイ・アルハネンほか著/川田・石川・石川・片岡監訳
本書は，スーパービジョン文化とオープ
ンダイアローグ哲学との合算で，リフレ
クションからダイアローグを育て，チー
ムビルドや職業人生の確立にどう生かす
かをまとめた。3,080 円，A5 並

心拍変動バイオフィードバック
こころを「見える化」するストレスマネ
ジメント技法
　　（愛知学院大学教授）榊原雅人編著
心を "見える化" し，自律神経の調節機
能を向上させるストマネ技法・心拍変動
バイオフィードバック。この第一人者で
ある編者らの一冊。3,080 円，A5 並

心理アセスメントの常識
心構えからフィードバックまで基礎と実践の手引き
　　（東海学院大学教授）内田裕之 著
心構えから行動観察，ロールシャッハ，
バウム，SCT，知能検査，質問紙等のア
セスメント手法のコツ，解釈，バッテ
リー，フィードバックまで，心理アセス
メントの教科書です。2,200 円，四六並

家族理解のためのジェノグラム・ワークブック
私と家族を知る最良のツールを学ぶ
　　I・ガリンドほか著/柴田健監訳
本書は，ステップ・バイ・ステップで学
べるジェノグラム（家族樹）作りのワー
クブック。プロが行う家族支援サービス
での活用だけではなく，家族を知りたい
多くの方にも。2,750 円，A5 並

思春期心性とサブカルチャー
現代の臨床現場から見えてくるもの
　　（島根大学教授）岩宮恵子 著
子どもたちとの心理カウンセリングを重
ねる中，話題に出てくる「サブカル」と
その背景から見えてきた，いまどきの子
どもたちの真の姿を思春期臨床の第一人
者が読み解く一冊。1,980 円，四六並

**描画連想法──ラカン派精神分析に基づ
く描画療法の理論と実践**
　　（中部大学准教授）牧瀬英幹 著
紙を交換する新しい描画療法「描画連想
法」。この技法について，多くの事例を
交えながら理論から実践まで語り尽くし
た一冊。スクィグルや風景構成法につい
ての論考も収録。3,080 円，A5 並

価格は税込みです